Jan Philipp Reemtsma

Mehr als ein
Champion

Über den Stil des
Boxers Muhammad Ali

W0084375

Rowohlt

Veröffentlicht im Rowohlt Taschenbuch Verlag
GmbH, Reinbek bei Hamburg, Dezember 1997
Copyright © 1995 by J. G. Cotta'sche Buchhandlung
Nachfolger GmbH, gegr. 1659, Stuttgart
Umschlaggestaltung Sven Neitzel
Foto: action press
Satz Caslon 540 und Univers (Linotronic 500)
Gesamtherstellung Clausen & Bosse, Leck
Printed in Germany
1290-ISBN 3 499 22234 5

Für Johann Scheerer.

Und alle andern,
die das Buch auch hatten
haben wollen.

Ich lasse mein Gesicht auf Sterne fallen,
Die wie getroffen auseinander hinken.
Die Wälder wandern mondwärts, schwarze Quallen
Ins Blaumeer, daraus meine Blicke winken.

Mein Ich ist fort. Es macht die Sternenreise.
Das ist nicht Ich, wovon die Kleider scheinen.
Die Tage sterben weg, die weißen Greise.
Ichlose Nerven sind voll Furcht und weinen.

Paul Boldt

Manila, 1. Oktober 1975; Muhammad Ali vs. Joe Frazier. Gong zur ersten Runde. Beide Boxer sind mit wenigen Schritten in Ringmitte. Muhammad Ali hält beide Fäuste fast in Augenhöhe, der Körper ist unterhalb der Schultern um die Vertikalachse ein wenig nach rechts gedreht, das linke Bein vorgestellt und im Knie leicht angewinkelt, das rechte nach hinten gestreckt, so, daß die Körperhaltung einem Fechter während der Ausfallbewegung gleicht. Dennoch sind beide Fäuste in annähernd gleicher Distanz zum Gegner. Ali bietet auf diese Weise dem kleineren Joe Frazier eine möglichst geringe Fläche für Körpertreffer und hält sich die Möglichkeit, mit der Linken oder der Rechten anzugreifen, offen. Frazier steht gebeugt, hält die Fäuste in Brusthöhe, schlägt sie wie unternehmungslustig zusammen. Ali wird mit Geraden angreifen, wird versuchen, Fraziers Kopf zu treffen, und seine größere Reichweite ausspielen. Frazier wird versuchen, unter den Schlägen wegzutauchen und entweder Alis untere Rippenpartie zu treffen oder nach oben mit einem linken oder rechten Haken durchzukommen. Es ist das dritte Mal, daß sich Ali und Frazier im Ring gegenüberstehen.

Darf ich ganz ohne Mentalreservation so schreiben? Mir gegenüber der Fernsehschirm, neben ihm ein Stapel mit etwa zwanzig Videos – «Ali versus Frazier. The Third and Final Fight – The Thriller in Manila», «Best of the Muhammad Ali / Ken

7

Norton Trilogy», «The Muhammad Ali Story», «The Jack Johnson Story», «Heavyweights» und so weiter – links neben dem Laptop die Fernbedienung mit Slow-motion-Rädchen, auf dem Schreibtisch Bücher mit Titeln wie: «Muhammad Ali. His Life and Times», «The Greatest. My Own Story», «Heavyweight Champions», «Classic Moments of Boxing», «The Great Fights. A Pictorial History of Boxing's Greatest Bouts», ja, auch Klassiker, Mailer, Oates, London, Hemingway.

Die Leserin, der Leser mögen mich nicht falsch verstehen. Zumal die letzteren beiden Autoren möchte ich als Eideshelfer nicht anführen, ihre Verklärung des puren Atavismus ist ärgerlich. Der Mensch ist, Huizinga hin oder her, nicht dort erst Mensch, wo er spielt, und ein Mann ist es nicht dort recht eigentlich, wo er sich auf den Kopf schlagen läßt. Ihr Fasziniertsein durchs Boxen ist Döblins und Brechts interessanteste Seite nie gewesen. Mir scheint auch die Beschwörung der Archaik unangebracht, jedenfalls dann, wenn ich nachts um vier vor dem Fernseher sitze, um die Satellitenübertragung eines Boxkampfes anzusehen. Andererseits hat mich niemals ein anderes TV-Ereignis dazu bringen können, mir den Wecker auf vier Uhr nachts zu stellen.

Soll ich versuchen, den Motiven für dieses Verhalten auf die Spur zu kommen? Und käme ich, sollte ich ausplaudern, worauf ich gekommen bin? Ich fürchte, daß ich, was immer ich zu sagen hätte, die Spuren des mokanten Lächelns auf dem Gesicht meiner Leserin (so ich denn eine habe) nicht löschen könnte, und das Achselzucken derjenigen unter meinen Lesern, die damals nicht nachts um vier vor dem Fernsehapparat saßen, kann ich auch nicht abwenden. Jene aber, die, wie ich, zugesehen haben, gebangt haben, wütend waren über die Kommentatoren des deutschen Fernsehens, die erstens stets ihr «Cassius Clay alias Muhammad Ali» loswerden mußten, eine Frechheit, die sie sich bei keinem Freddy Quinn erlaubt hätten (oder man stelle sich eine Ansagerin vor: «‹Manche mögen's heiß›, in der Hauptrolle Norma Jean Baker alias Marilyn Monroe»), und zweitens einfach nicht genug vom Boxen, genauer: von jenem ganz anderen Boxstil verstanden, der die Eigenart und Faszinationskraft von

Muhammad Ali ausmachte, die also mit ihrem Gerede eben genau das dementierten, was uns nachts vor den Fernseher trieb – jene also brauche ich durch langes Geschreibe nicht zu überzeugen, wir sehen einander an wie Rosenkreuzer oder Freimaurer, so scheint es. Aber ein bißchen peinlich ist es immer gewesen, wenn man einem oder einer gegenübersaß, der oder die der ganzen Angelegenheit nichts weiter als das Schmidt-Zitat von «den Preisboxern, die sich vor Gaffern für Geld die Fressen einschlugen»[1] abgewinnen konnten.

Wir wurden standesgemäß intellektuell und fast listig. Hatte nicht Alexander Sutherland Neill – ja, richtig: der Summerhill-Neill – geschrieben, er sei immer auf der Seite des Schwächeren gewesen, auch bei Boxkämpfen, mit einer Ausnahme: Muhammad Ali, dessen Boxstil er «geradezu poetisch» finde? Oder Bertrand Russell: «Mein Bruder Rahaman hatte mir inzwischen das Telefon gereicht und sagte: ‹Das Fernamt – ein Mister Bertrand Russell möchte Mr. Muhammad Ali sprechen.› Ich meldete mich und hörte seinen exakten englischen Akzent. ‹Spricht dort Muhammad Ali?› Als ich ihm das bestätigte, fragte er mich, ob ich korrekt zitiert worden sei.

Auch das bestätigte ich ihm, fügte aber die erstaunte Frage an: ‹Warum interessiert sich alle Welt dafür, wie ich über Vietnam denke? Ich bin doch kein Politiker und kein Diplomat, sondern nur Sportler.›

‹Nun›, sagte er, ‹dieser Krieg ist viel barbarischer als alle anderen, und um jeden Boxmeister entsteht eine geheimnisvolle Aura. Deshalb finde ich es gar nicht so abwegig, wenn alle Welt wissen möchte, was so ein Weltmeister denkt. Für gewöhnlich heult er mit den Wölfen. Sie haben die Leute überrascht.›

Mir gefiel der Ton seiner Stimme. Ich sagte ihm, ich käme vielleicht bald nach England, um noch einmal gegen den Europameister Henry Cooper anzutreten.

‹Auf wen würden Sie setzen, wenn ich gegen Cooper kämpfe?›

Er lachte. ‹Sie wissen doch, daß Henry viel kann. Aber ich würde auf Sie wetten.›

Ich gab ihm die Standardantwort, die ich für solche Gelegenheiten auf Lager hatte. ‹Sie sind gar nicht so dumm, wie Sie aussehen.› Und ich lud ihn zu dem Kampf in London ein.»[2]

Muhammad Ali berichtet seinem Autobiographen, er habe erst viel später erfahren, mit wem er da gesprochen habe, und einen Entschuldigungsbrief geschrieben. Zum Kampf Ali vs. Cooper ist Russell nicht gekommen; aus einer weiteren Verabredung wird auch nichts. Es folgt eine Einladung Russells: «Ich habe Ihren Brief mit größter Bewunderung und persönlicher Hochachtung gelesen. In den nächsten Monaten werden die Männer, die in Washington regieren, zweifellos versuchen, Ihnen auf jede erdenkliche Weise zu schaden. Aber Sie wissen sicher, daß Sie Ihre Stimme für Ihr Volk und für die Unterdrückten auf der ganzen Welt erhoben haben, als Sie sich mutig gegen die Mächtigen Amerikas stellten. Man wird versuchen, Ihnen das Rückgrat zu brechen, weil Sie das Symbol einer Kraft sind, die man nicht zerstören kann, nämlich des erwachten Bewußtseins eines ganzen Volkes, das entschlossen ist, sich nicht länger abschlachten und durch Angst und Unterdrückung demütigen zu lassen. Sie können mit meiner größten Unterstützung rechnen. Besuchen Sie mich, wenn Sie nach England kommen. Mit besten Grüßen. Ihr Bertrand Russell.»[3]

Neill. Russell. Martin Luther King saß bei Kämpfen Muhammad Alis oft in der ersten Reihe. Malcolm X war in Alis Trainingscamp gesehen worden – da hieß Muhammad Ali noch «Cassius Clay». Ein Ich saß mal in einem kleinen, schäbigen indischen Lokal in London, mehrfach benutzte Papiertischdecke und auch alles andere weniger recht als schlecht und vorgeblich echt, an der Wand außer Tapete nichts und eine Photographie Muhammad Alis.

London 1966. Der Kampf, zu dem Muhammad Ali Bertrand Russell eingeladen hatte, ist einer von Alis besonders eigenartigen gewesen. Er sah aus, als hätte Ali dem großen alten Pazifisten beweisen wollen, daß man einen Boxkampf gewinnen könne, ohne die Faust zu benutzen. Es war der zweite Kampf Ali vs. Cooper. Der erste – 18. Juni 1963 – war einer der drei, in denen Ali, damals noch Cassius Clay, zu Boden ging. Der erste war vor seiner Zeit als Profiboxer und braucht uns nicht zu interessieren, der dritte war der erste Kampf gegen Joe Frazier, und wer die Szenen vergleicht, sieht, daß es beide Male ein fast identischer Schlag gewesen ist, aber niemals war Ali in solchen Schwierigkeiten gewesen oder würde es wieder sein wie nach dem linken Haken Henry Coopers 1963. Nach dem linken Haken Fraziers, der ihn, als sei es die bloße Wucht des Treffers und nicht die kurze Bewußtlosigkeit gewesen, die den Körper zusammenstürzen ließ, ebenso zu Boden schleuderte wie der Coopers, konnte er sich erheben und, vielleicht aus dem Bewußtsein heraus, in diesem Kampf nicht mehr um den Sieg kämpfen zu müssen, fast entspannt wirkend, die Hände auf den Ringseilen ruhend, ganz Standbein-Spielbein, das Ende des Anzählens erwarten. In London konnte sich Cassius Clay zwar ebenfalls erheben, wiewohl ihn der Schlag fast durch die Seile fallen ließ, aber nur der Gong rettete ihn, wie man in solchen Fällen zu sagen pflegt. Clays Trainer Angelo Dundee reklamierte irgendwelche Probleme mit den Handschuhen, dehnte die Pause zwischen den Runden, und Clay überwand die Folgen der kurzen Ohnmacht. In der folgenden Runde mußte der Kampf abgebrochen werden, weil Coopers Augenbraue unter Clays Schlägen riß. Bekanntlich bluten Kopfverletzungen dramatisch – ein Tribut der Biologie an den Intellekt? –, und sowohl zum Wohle der Ästhetik wie Coopers, dem sein Blut in die Augen lief, wurde der Kampf gestoppt.[4]

1966 sucht Muhammad Ali – so jetzt sein Name – zunächst die in diesem Falle unvermeidliche blutige Seite seines Berufs zu meiden. Das wird nicht immer der Fall sein: «Wepner wird oft der ‹Blutige› genannt», beginnt Wilfrid Sheed ein mit «Alis zweites Gesicht» überschriebenes Kapitel seines Buchs «Muhammad Ali», und er meint damit jenen Underdog-Boxer, den Ali nur nach Punkten schlagen konnte und der für einen kurzen Augenblick der dritte zu sein schien, der Ali hatte niederschlagen können. Die Filmaufzeichnung ergab, daß er Ali auf den Fuß getreten war und zum Stolpern gebracht hatte. Wepner wurde dann das Realvorbild zu einer der erfolgreichsten Kino-Figuren, «Rocky». Aber dazu später. «Wepner wird oft der ‹Blutige› genannt. Diesmal trifft es auf ihn zu. Aber in einem ganz anderen Sinne. Er wird wie ein toter Bulle in seine Ecke geschleppt – nach 15 Runden geistiger und körperlicher Qual. Wenn irgend jemand vergessen haben sollte, daß Ali sich einem blutigen Handwerk verschrieben hat, braucht er nur einen raschen Blick auf Wepners zerschlagene Venen und die roten Flecken auf seinem Oberkörper zu werfen. Ein paar Schritte von mir entfernt sitzt David Anderson. Seine Schreibmaschine weist immer noch Flecken von George Chuvalos Blut auf – mit bestem Gruß von unserem Lieblingspazifisten.»[5]

1966 also. Im zweiten Kampf gegen Cooper schlägt Ali wenig; nicht hart; und wenn er schlägt, dann zunächst für seinen Stil erstaunlich unorthodox. Ali versucht Körpertreffer aus der Distanz, in leichter Diagonale von oben nach unten. Chancen zu harten Kontern an den Kopf vermeidet er, und so ist die erste Runde ein Davonlaufen. Der Gesamtanblick ist kurios. Ein Stärkerer vermeidet zu schlagen, ein Unermüdlicher versucht zu treffen. So geht es von der ersten bis zum Ende der fünften Runde. Meistens weicht Ali Coopers Angriffen aus. Wenn ihm das nicht gelingt, blockt er die Schläge ab, geht in den Clinch, bis der Ringrichter trennt. Manchmal schiebt er den nicht nur unermüdlichen, sondern zunehmend verärgerten Cooper einfach weg. Wenn Ali ausnahmsweise schlägt, so scheint es sich um Demonstrationen zu handeln, die allen Zuschauern klarmachen sollen, was passieren würde, wenn er so weitermachte. Tatsächlich tut er gerade so viel er muß, um nicht wegen Inaktivität disqualifiziert zu werden. Falls aber irgend jemand der Meinung gewesen sein sollte, man könne Boxkämpfe gewinnen, indem man es vermeidet, seinen Gegner mit der Faust zu treffen, so irrt er sich eben. In der Pause zur sechsten Runde scheint Ali klargeworden zu sein, daß diese Kampfweise zwar einerseits Respekt vor der physischen Verletzlichkeit seines Gegners bewies, aber keineswegs vor den boxerischen Qualitäten des Europameisters. Dennoch bleibt Ali in der sechsten Runde zurückhaltend, bis das Unvermeidliche geschieht: Eine rechte Gerade öffnet Coopers linke Augenbraue. Zwei, drei weitere Treffer vergrößern das Malheur. Der Ringrichter besieht den Schaden und läßt weiterkämpfen. Ali zieht die Konsequenz, Cooper gerät in einen

Schlaghagel, Ali jagt ihn durch den Ring, Cooper sieht die Schläge nicht mehr kommen, er taumelt, das Blut läuft ihm in Bächen über das Gesicht. Der Ringrichter beendet den Kampf.

«Die ästhetischen Nerven zittern danach, in die Steinzeit zu regredieren»[6], lautet einer der vielen boshaften Aphorismen Adornos zu Strawinskys «Le Sacre du Printemps». Thomas Mann hat in seinem «Felix Krull» den Paläontologen Kuckuck dasselbe ein wenig freundlicher sagen lassen: «Es gebe den Fortschritt, sagte Kuckuck (...) ohne Zweifel gebe es ihn, vom Pithecanthropus erectus bis zu Newton und Shakespeare, das sei ein weiter, entschieden aufwärts führender Weg. Wie es sich aber verhalte in der übrigen Natur, so auch in der Menschenwelt: auch hier sei immer alles versammelt, alle Zustände der Kultur und Moral, alles, vom Frühesten bis zum Spätesten, vom Dümmsten bis zum Gescheitesten, vom Urtümlichsten, Dumpffesten, Wildesten bis zum Höchst- und Feinstentwickelten bestehe allezeit nebeneinander in dieser Welt, ja oft werde das Feinste müd' seiner selbst, vergaffe sich in das Urtümlichste und sinke trunken ins Wilde zurück.»[7] Ist es doch das? Die durch den «Lieblingspazifisten» – «Keep asking me, no matter how long / On the war in Viet Nam, I sing this song / I ain't got no quarrel with the Viet Cong»[8] – erlaubte Regression ins phantasierte Urtümliche?

Intellektuelle haben berufsbedingte Probleme mit dem Ausdruck von Aggressionen. Jeder Sieg auf dem Papier ist einer, den man nicht beweisen kann. Außerdem werden Intellektuelle dafür bezahlt, Komplexitäten darzustellen. Ein Boxkampf ist einfach; und wenn einer am Boden liegt und nach zehn Sekunden noch nicht wieder auf den Füßen ist, gibt es auch keine hermeneutischen Probleme. Aber warum lieben wir (das «wir» mit der obigen Einschränkung) dann nicht Mike Tyson, den Meister jedweder Eindeutigkeit und ein wahrlich archaischer Typ, warum nicht Sonny Liston, den jungen George Foreman? Ist es nur ein Rest von Scham, daß wir, wenn schon, dann allenfalls zugeben, den differenzierten Schläger zu lieben? Oder ist es gar nicht das «Vergaffen ins Urtümliche», weil man seiner selbst «müd'» geworden ist? Schließlich möchte man doch die Fähigkeit, einen Essay darüber schreiben zu können, daß da «müd'» steht und nicht «müde», nicht einbüßen. Will man, wollen «wir» bloß ein wenig kompletter sein? Wollen wir vielleicht die Gewißheit, daß wir zur Feder greifen, weil wir darauf verzichten, uns mit der Faust durchzuschlagen, und den blöden Verdacht loswerden, uns bliebe gar nichts anderes übrig?

Da sind wir schon wieder bei der Attraktivität von Jack London. Der wird ja gerne gelesen, auch von Intellektuellen, linken gar, die einem sagen, London sei «Sozialist» gewesen. Er mag das so gesehen haben, aber er war natürlich eher ein Links-Faschist. Er ist auch derjenige gewesen, der den retirierten James Jeffries dazu brachte, gegen Jack Johnson, den ersten schwarzen Weltmeister im Schwergewicht, anzutreten, und den Ausdruck «the great white hope» prägte: «Jim Jeffries muß wieder aus seiner Alfalfa-Farm in Kalifornien hervorkommen und Jack Johnson das glückliche Lächeln aus dem Gesicht wischen. Es kommt auf dich an, Jeff!»[9] Trotzdem ist «Martin Eden» kein schlechtes Buch, auch der «Seewolf» nicht, um die hier angesprochene Thematik nicht zu verleugnen. Interessanterweise hatte der Faschismus kein Glück mit Boxern. Mussolini hätte einen exzellenten Jahrmarktsboxer abgegeben, aber die guten italienischen Boxer waren alle Amerikaner: Primero Carnera, Rocky Marciano, Rocky Graciano (und natürlich «Rocky», sprich: Sylvester Stallone, «The Italian Stallion»). Die Nazis hatten Max Schmeling und kein Glück mit ihm. Er sah zwar aus wie Jack Dempsey, aber Weltmeister wurde er, 1930, weil sein Gegner nach einem Tiefschlag disqualifiziert wurde. Nach einem Rückkampf verlor er nach Punkten, wurde aber, weil diese Entscheidung allgemein mißbilligt wurde, äußerst populär. Hitler lud ihn zum Essen ein.

1933 kämpft Schmeling gegen Max Baer. Max Baer ist Jude, und er trägt einen Davidstern auf den Shorts, darin kein «J» für «Jude», sondern ein «M» für «Max (Baer)». Max Baer folgt dem Ruf aus Ringnähe: «Kill that Nazi, Jewboy!», so gut das eben geht im Ring. Nach der zehnten Runde war Max Schmeling verteidigungsunfähig. Allerdings schlug der drei Jahre später den jungen Joe Louis, was ihm eine weitere Einladung durch Hitler eintrug. Gegen Joe Louis verlor er wenig später wieder. Mit dem Namen «Max Schmeling» sind wir über vierzig alle irgendwie aufgewachsen, und darum sei einmal zitiert, wie das aus amerikanischer Perspektive aussieht: «Schmeling war die größte Attraktion in Europa. Der Mann, der Jack Dempsey ähnlich sah, verlor nie die Schlagkraft aus seiner tödlichen Rechten, mit der er etliche Burschen mit drolligen Namen wie Hans Joachim und Werner Vollmer auf die Bretter streckte. Wen interessierte schon, wer die anderen waren, wenn nur Max Schmeling antrat, der einmal Weltmeister im Schwergewicht gewesen war, der Mann, der den großen Joe Louis ausgeknockt hatte.»[10]

Drollige Namen wie Hans Joachim. Ist die Frage, ob Muhammad Ali als «Cassius Clay» mehr hätte werden können als nur ein Boxweltmeister, nur darum unsinnig, weil er durch die Namensänderung eben zeigen wollte, daß er mehr war? Aber was heißt da schon, «mehr»? Weniger als was ist denn ein Weltmeister im Schwergewicht? Vielleicht sollte jede und jeder alle zehn Jahre den Namen wechseln.

Inkognito. Nein, Outis. Es ist auch Bestandteil der Dialektik der Aufklärung, daß der Vielgewanderte nicht nur die Webersche Entzauberung zu leisten hatte, sondern nicht hätte Thronwürden beanspruchen können, wäre er nicht mit einem Bettler erfolgreich handgemein geworden. Es mag solches Gemeinwerden mit dem Untersten eine prächristliche Höllenfahrt gewesen sein, das wollen wir dem Mythenforscher gerne zugeben, aber, wenn die zu bestehen Göttlichkeitsausweis ist, ist dann die Prügelei Beleg herrscherlicher Gesittung? «... und beide huben die Fäuste. / Nun rathschlagte bei sich der herrliche Dulder Odysseus, / Ob er ihn schlüge, daß gleich auf der Stelle sein Leben entflöhe, / Oder mit sanftem Schlage nur bloß auf den Boden ihn streckte. / Dieser Gedanke schien dem Zweifelnden endlich der beste: / Sanft zu schlagen, um nicht den Archaiern Verdacht zu erwecken. / Iros schlug mit der Faust die rechte Schulter Odysseus, / Dieser ihm unter das Ohr an den Hals, daß der Kiefer des Bettlers / Knirschend zerbrach und purpurnes Blut dem Rachen entstürzte. Schreiend fiel er zu Boden, ihm klappten die Zähn', und die Füße / Zappelten stäubend im Sand.»

Und so läßt Wieland seinen Aristipp von Kyrene über die Olympischen Spiele sprechen: «Sogar das grausenhafte Schauspiel, das uns gegen die Mittagsstunde, während die Sonne über unsren Scheiteln brannte, die kaltblütige Wuth der Faustkämpfer gab, und der furchtbare Handschuh, womit einige Paare neuer Eryxen und Herkulessen einander zermalmten, erfüllte mich anfangs mit einer seltsamen Art von schauderlichem tragischem Vergnügen, indem es mich in die alte Heldenzeit zu versetzen und mir die Erzählungen der Dichter von den unglaublichsten Thaten der Göttersöhne wahr zu machen schien. Ich wähnte eine Art unzerstörbarer titanischer Naturen vor mir zu sehen, die nur spielweise so grimmig aufeinander los gingen, und an welchen die Wunden, die sie einander schlugen, sich ohne Zweifel eben so schnell und narbenlos wieder schließen würden, als die Luft, die durch ihre gewaltigen Streiche zerrissen wurde. Aber die Täuschung war von kurzer Dauer; und als ich, nach einem kaum viertelstündigen Kampf, einen der Athleten, der kurz zuvor die Schönheit eines Paris oder Nireus mit der Stärke eines Milanion vereinigt darstellte, und einer Bildsäule des Apollo selbst zum Modell hätte dienen können, für todt aus den Schranken hinaus tragen sah, so übel zugerichtet, daß keine Spur seiner vorigen Bildung in seinem zertrümmerten Gesicht und an seinem ganzen, zu einem unförmigen Klumpen zusammen geschlagenen Leibe zu erkennen war: überwältigte mich der gräßliche Anblick dermaßen, daß ich mich nicht zurückhalten konnte, meinen Abscheu durch einen lauten Ausruf Luft zu machen, der zu meinem Glücke, über dem Getümmel und Jubelgeschrey der Zuschauer, von niemand (...) gehört wurde.»[11]

Es gibt da wohl kein Drumrumreden. Der Fortschritt, wo es ihn gibt, ist einer weg vom Hauen-ins-Gesicht. Wenn mir aber dennoch eine Leserin oder ein Leser folgen möchte, so muß ich sie und ihn darauf hinweisen, daß man keinen Schriftsteller damit lobt, ein guter Langstreckenläufer gewesen zu sein, und keinen Boxer damit, er sei nicht nur ein Boxer gewesen. Nur wer in seinem Beruf etwas kann, darf sich loben lassen, er sei auch anderweitig talentiert. Nur weil Muhammad Ali ein großer Boxer war, war er auch manches andere. «Mehr als ein Champion» war er deshalb, weil er der beste, interessanteste *Boxer* gewesen war, den es bis dahin gegeben hatte. Man sah seine Boxkämpfe nicht an, weil sie etwas anderes waren als Boxkämpfe, aber weil es *diese* Boxkämpfe waren, waren sie etwas anderes als alle anderen Boxkämpfe. Könnt ihr mir folgen?

Manila,
I – III

«Komm geistig mit.»
Proteus

Quezon City bei Manila, 1. Oktober 1975; Muhammad Ali vs. Joe Frazier. Gong zur ersten Runde. Beide Boxer sind mit wenigen Schritten in Ringmitte. Muhammad Ali hält beide Fäuste fast in Augenhöhe, der Körper ist unterhalb der Schultern um die Vertikalachse ein wenig nach links gedreht, das linke Bein vorgestellt und im Knie leicht angewinkelt, das rechte nach hinten gestreckt, so daß die Körperhaltung einem Fechter während der Ausfallbewegung gleicht. Dennoch sind beide Fäuste in annähernd gleicher Distanz zum Gegner. Ali bietet auf diese Weise dem kleineren Joe Frazier eine möglichst geringe Fläche für Körpertreffer und hält sich die Möglichkeit, mit der Linken oder der Rechten anzugreifen, offen. Frazier steht gebeugt, hält die Fäuste in Brusthöhe, schlägt sie wie unternehmungslustig zusammen. Ali wird mit Geraden angreifen, wird versuchen, Fraziers Kopf zu treffen, und seine größere Reichweite ausspielen. Frazier wird versuchen, unter den Schlägen wegzutauchen und entweder Alis untere Rippenpartie zu treffen oder nach oben mit einem linken oder rechten Haken durchzukommen. Es ist das dritte Mal, daß sich Ali und Frazier im Ring gegenüberstehen.

Ali muß diesen Kampf nicht nur gewinnen, er muß ihn überzeugend gewinnen, was immer das sein mag. Den ersten, 1971 – wie fünf bis sieben andere zum «Kampf des Jahrhunderts» promoviert –, hatte er verloren, und mit diesem Verlust war sein Versuch, nachdem ihm wegen Kriegsdienstverweigerung für dreieinhalb Jahre die Boxlizenz entzogen worden war, die Weltmeisterschaft wiederzugewinnen, gescheitert. Bevor es 1974 zu einem Rückkampf kam, kämpfte Ali dreizehnmal, davon zweimal gegen Ken Norton, der den ersten Kampf gewann (Norton hatte Ali in der zweiten Runde den Unterkiefer gebrochen), den zweiten nur knapp nach Punkten verlor. Als Ali und Frazier wieder aufeinandertrafen, war Frazier nicht mehr Weltmeister. George Foreman hatte ihn in nur zwei Runden sechsmal zu Boden geschlagen – dann beendete der Ringrichter den Kampf. Alis klarer Punktsieg über Frazier glich zwar sozusagen das Konto aus, mehr aber nicht. Der Kampf war mehr oder weniger eine Privatangelegenheit zwischen zwei Exweltmeistern gewesen. Daß Ali als Weltmeister ungeschlagen war, zählte nach dem gescheiterten Versuch, den Weltmeister zu schlagen, kaum mehr und gar nichts mehr, als es ihm nicht gelang, Frazier ähnlich überzeugend zu schlagen, wie es der neue Weltmeister George Foreman getan hatte. Kein Wunder, daß bei der Begegnung Ali–Foreman 1974 in Kinshasa Foreman der Favorit war und Alis Sieg durch Knockout in der achten Runde eine der größten Sensationen in der Geschichte des Profiboxens überhaupt wurde. Würde Ali in Manila verlieren, verlöre er nicht nur den Weltmeistertitel, sondern es stünde auch der Sieg von Kinshasa als vielleicht doch bloßer Glückstreffer in Frage, und dasselbe würde im Falle eines knappen Sieges gelten. Jeder Sieg, der sich nicht durch irgend etwas besonders auszeichnete, wäre nur die Feststellung, daß es zwei zu eins für Ali stünde, mehr nicht. «Im nachhinein sagen die Leute, Ali–Frazier III sei ein großer Kampf gewesen. Und das war er auch, einer der größten aller Zeiten. Aber als sie hingingen, glaubten viele Leute nicht mal, daß es ein guter Kampf werden würde. Frazier war von George Foreman zum Jojo gemacht worden. Ali hatte seit Zaire nicht mehr gut ausgesehen ...»[12]

Nach dem Gong, der die erste Runde beendet, tippt Frazier auf dem Weg in die Ringecke Ali ans Knie. Was immer das bedeuten mag – jedenfalls ist es keine Geste des Respekts. Die erste Runde war schnell gewesen, Ali hatte Frazier mit linken und rechten Geraden getroffen, aber Frazier war auch ein paarmal mit Schlägen durchgekommen, einmal mit einem seiner gefürchteten linken Haken (einer dieser Sorte hatte, wie gesagt, Ali 1971 zu Boden geschickt), und Ali ging einen Augenblick hinter den erhobenen Fäusten in Deckung und lehnte sich gegen die Seile. Aber gleich anschließend trifft er Frazier mit einigen harten Kombinationen. Nach dem «Kampf des Jahrhunderts» war zwar Frazier der Sieger gewesen, aber er hatte sich wegen der Kopftreffer, die er hatte einstecken müssen, ein paar Tage lang zur Erholung und Beobachtung im Krankenhaus aufgehalten.

Ali hat seine großen Siege gegen Boxer errungen, die aufgrund ihrer Kraft als «unschlagbar» galten – Sonny Liston, George Foreman. Mit Intelligenz und Eleganz hat Ali sie ausmanövriert. Was im Kampf gegen Foreman deutlich wurde – werden mußte, da Ali, anders als bei dem ersten Kampf gegen Liston, nicht auf leichten Füßen um den Gegner herumtanzte und ihn aus der Distanz mit Schlägen eindeckte, sondern einen großen Teil des Kampfes scheinbar bewegungslos an den Seilen lehnte –, war, daß Ali das in erstaunlichem Maße hatte, was man im Jargon «Nehmerqualitäten» nennt. Ali konnte – und er konnte das schon früh, man übersah es nur wegen anderer Qualitäten – Schläge einstecken, die einen anderen hätten zu Boden gehen lassen, und er konnte Schmerzen ertragen, die andere mutlos gemacht hätten. Aller Welt deutlich wurde dies allerdings erst in Manila.

In Manila aber stand Ali keinem Liston oder Foreman gegenüber, auch keinem Mike Tyson, bei dem ein gewisser John «Buster» Douglas reichte, um ihn als Boxer zu erledigen. Frazier war stark, stärker als Ali, der bekanntermaßen nicht zu den «big punchers» gehörte (sondern zu den «stylists», obwohl er 14 von 22 Weltmeisterschaftskämpfen vorzeitig gewann, durch K. o., Aufgabe des Gegners oder Abbruch durch den Ringrichter), aber Frazier war niemand, der sich auf den einen entscheidenden Schlag verließ, wie das Liston und Foreman getan hatten und die Welt nicht mehr verstanden, wenn es ihnen in der dritten Runde noch nicht gelungen war, ihren Gegner auf die Bretter zu schikken. Das heißt: Ali konnte sich nicht darauf verlassen, durch bloßes Überstehen der ersten Runden einen frustrierten, psychisch ermüdeten Gegner vor sich zu haben. Frazier konnte über die volle Distanz von fünfzehn Runden gehen und bis zum Schlußgong mit nicht erlahmendem Enthusiasmus seine Haken in den Gegner hineinschlagen – und es war ihm einmal gelungen, mit einem dieser Haken Ali von den Beinen zu holen. Fraziers Strategie war klar und seine Taktik auch, denn die liefen beide auf dasselbe hinaus: Schläge loszulassen, die, wie er später sagte, «eine Mauer umgelegt hätten», und darauf zu vertrauen, daß der ältere Ali dies über die volle Distanz nicht aushalten werde, daß er müde werden würde, die Schmerzen zu groß, um noch elegant oder mutig auszusehen, um so in den letzten Runden die entscheidenden Punkte zu machen (die ersten Runden gingen sowieso an Ali). Und möglich war immer noch ein Treffer wie 1971. Möglich, aber Frazier setzte nicht darauf, sondern auf einen langen, ermüdenden Kampf voller Schmerzen.

Ali hingegen mußte sich darauf einstellen, dem Kampf nicht den eigenen Stil aufprägen zu können, wie ihm das so oft, und vor allem bei Liston und Foreman, gelungen war. Für Ali war es entscheidend, nicht zu Boden zu gehen und am Ende des Kampfes noch genug Kraft zu haben, um «gut» auszusehen. Der einzige Weg, diese frustrierende Angelegenheit abzukürzen, war, Frazier von Anfang an so oft und hart zu treffen – nicht mit dem einen entscheidenden «punch», sondern Dutzende Male, bis das Rezeptorium des Gegners so zermürbt oder durcheinander sein würde, daß eine blitzschnelle Kombination von drei, vier, fünf Schlägen doch zum K. o. würde führen können. So hatte Ali gegen Oscar Bonavena gewonnen, einen argentinischen Boxer, der so ausgesehen hatte, als ob man ihm auch mit dem Vorschlaghammer nicht hätte beikommen können, und gegen den Ali vierzehn Runden lang keine besonders gute Figur gemacht hatte, bis er ihn in der fünfzehnten dreimal niederschlug. Nur – Frazier war kein Bonavena, und er kannte Ali. Natürlich kannte auch Ali Frazier, aber der Umstand, daß Ali wußte, wie Frazier kämpfen würde, verschaffte ihm keinen Vorteil, anders als Frazier das Wissen um Alis Stil. Ali war immer dort überragend, brillant, wo er überraschend sein konnte, und so gehören die Siege gegen Liston und Foreman zu den großen Kunstwerken der Boxgeschichte. Aber Frazier erlaubte gerade das Ali nicht: überraschend zu sein. Er zwang Ali «unterm Strich» sozusagen immer den eigenen Stil auf. Ali konnte sein Repertoire zeigen, wie er wollte, er konnte sich im Ring leichtfüßig um Frazier herum bewegen und sein Gesicht mit schnellen linken Geraden («jabs») eindecken, er konnte in den Seilen liegen und Frazier schlagen lassen in der Hoffnung, der würde sich an Alis Dekkung müde trommeln, er konnte Frazier mit harten Kombinationen treffen, die andere in die Knie gezwungen hätten – am Ende marschierte Frazier nach vorne und schlug unermüdlich seine schweren rechten und linken Haken. Das war der Grund, weshalb die Experten nicht einmal einen guten Kampf erwarteten. Die ersten beiden Kämpfe Ali–Frazier hatten zwar durchaus alles geboten, was der Boxfan schätzt, Kraft, Mut, Ausdauer, technische Perfektion (nur keinen Knockout), aber für denjenigen, der die Kämpfe Muhammad Alis liebte, waren sie weniger erfreulich gewesen. Nicht nur, weil man immer möchte, daß der eigene Favorit gewinnt, sondern weil sie kaum etwas von dem zeigten, was «Ali's magic» genannt wurde, und wenig mit dem zu tun hatten, was einen in Manila wohl erwartete: Schmerzen und Heroismus.

In einem Rückblick auf den Kampf sagte Fraziers Trainer Eddie Futch, er habe keine so schnelle und harte erste Runde erwartet. «Eine große Runde für Muhammad Ali», sagt der Kommentator und fügt hinzu, daß Frazier meistens die ersten Runden verliere. Er stellt sich also auf einen Normalverlauf des Kampfes ein: Erst wird Ali punkten, dann Frazier, und gewonnen hat, wer nachher unterm Strich mehr hat. Aber die zweite Runde zeigt einen überlegenen Ali, der mehr will als nur sein Punktekonto auf den Karten der Schiedsrichter erhöhen. Einem wuchtigen Haken Fraziers weicht er überlegen, fast ironisch aus, hält den kleineren Gegner mit ausgestrecktem Arm auf Distanz und schlägt dann plötzlich zu, ohne daß Frazier auch nur die Chance gehabt hätte, in Deckung zu gehen. Zwar gelingt es auch Frazier, mit ein paar Schlägen durchzukommen, Ali dazu zu bringen, an die Seile zurückzuweichen, aber die Antwort sind stets harte Gerade an den Kopf. Wieder ein kurzer Moment, in dem Ali sich an die Seile lehnt, mit beiden Fäusten das Gesicht, mit den Ober- und Unterarmen den Oberkörper bis zum Solarplexus deckend. Es wirkt so, als wolle Ali frühere Kämpfe zitieren. Mit der Deckung an den Seilen seine Verteidigung gegen George Foreman, die er «rope-a-dope» nannte, mit der ausgestreckten Linken die fünfte Runde im ersten Kampf gegen Liston. Kein Zweifel, Ali ist der überlegene Boxer. Aber wieviel soll man auf den Eindruck zweier Runden geben? Frazier beendet sie, nach dem Gong, mit einem verächtlichen Abwinken mit der linken Hand: Du hast nichts mehr drauf. Das hat er von Ali gelernt, der Foremans furchtbarste Schläge mit spöttischen Bemerkungen quittiert hatte, was ihm Zeit gab, der partiellen Benommenheit zu entkommen. Schlimmer als diese Geste ist Fraziers Lächeln, das ihn auch nicht verläßt, wenn er getroffen wird.

Lächelnd kommt Frazier aus seiner Ecke, schlägt die Handschuhe zusammen und geht unbeirrt auf Ali los. Die Runde beginnt mit einem furiosen, fast «offenen» Schlagabtausch. Dann weicht Ali an die Seile zurück. Frazier schlägt, trifft trotz Alis Doppeldeckung. Das «rope-a-dope» hat bei Fraziers Art zu schlagen weniger Sinn, als es bei Foreman hatte, außerdem schlägt Frazier, wenn er nur die Deckung trifft, nicht «daneben», sondern er schlägt, um die Mauer zum Einsturz zu bringen. Foreman hatte sich an Alis Deckung müde geschlagen, weil er an einen Sieg in wenigen Runden glaubte, Foreman wollte «durchkommen». Frazier rechnet von vornherein mit fünfzehn Runden, aber irgendwann in der zwölften oder dreizehnten Runde sollen Alis Arme so schmerzen, daß die Deckung zur größeren Qual wird als der Schlag, den sie abwehren soll. Fraziers Schläge auf Alis Arme sind nicht vergeudet, und Frazier weiß das. Darum lächelt er. Aber Frazier verausgabt sich nicht. Er schlägt präzise. Mal links, mal rechts von der Deckung in den Körper, dann zwischen den Armen nach oben – meist bleibt der Haken stecken, aber nicht immer. Ali schiebt Frazier zurück, dann winkt er mit der Faust: Na, schlag doch zu! Das wirkt nicht gut. Auch das ist ein Zitat, aber es wirkt abgeschmackt. Dann trifft Frazier mit einem linken Haken. Die Antwort ist ein Schlaghagel von Ali, eine Serie harter Treffer. Aber Frazier kommt wieder durch; wieder. Dann ist Frazier in den Seilen, aber nur kurz. Schlagabtausch in der Ringmitte, dann drängt Frazier Ali in die Ecke. Gong.

Biographie

«Und so regt er sich gebärdend,
sich als Knabe schon verkündend
Künftigen Meister alles Schönen,
dem die ewigen Melodien
Durch die Glieder sich bewegen;
und so werdet ihr ihn hören,
Und so werdet ihr ihn sehn zu
einzigster Bewunderung.»

Phorkyas

Geboren ist Cassius Marcellus Clay, später Muhammad Ali, in Louisville, Kentucky, am 17. Januar 1942, als Sohn eines Schildermalers mit künstlerischen Ambitionen. Er fängt das Boxen früh an, mit zwölf, mit achtzehn gewinnt er die Goldmedaille im Halbschwergewicht. Er unterzeichnet einen Vertrag mit elf Geschäftsleuten aus Louisville, die ihm ein regelmäßiges Einkommen nebst Altersvorsorge (die beginnt bei Sportlern, Boxern vor allem, ab Anfang der Dreißig ein interessantes Thema zu werden) garantieren. Alles in allem scheint er bei dieser «Louisville Sponsoring Group» gar nicht so schlecht aufgehoben gewesen zu sein, und sie kommt in Alis Autobiographie sowie in dem nach ihr gedrehten unendlich schlechten (und vor allem, was ja nun wirklich ein besonderes Kunststück ist: langweiligen) Film nicht besonders gut weg. Sollte allerdings die Vertragsbedingung, daß die Gruppe 50 Prozent aller Einnahmen Clays hat kassieren dürfen, zutreffen, hätte zumindest nach dem Gewinn der Weltmeisterschaft nachverhandelt werden müssen. Aber dazu kam es nicht mehr. Ali trennt sich von seinen Sponsoren, als er gegen Sonny Liston Weltmeister wird, zum Islam übertritt und den Namen Clay aufgibt.

Zunächst aber, wie gesagt, der Olympiasieg. Die Goldmedaille, so his own story, habe er in den Ohio geworfen, als man ihn in einem Restaurant seiner Hautfarbe wegen nicht bedienen wollte. Ob die Geschichte stimmt oder nicht – möglich ist sie. Und möglich ist auch, daß der Restaurantbesitzer, als Clay seine Medaille vorwies, um irgendwie zu demonstrieren, daß er nicht irgendwer sei, beides gesagt hat, sowohl: «I don't give an damn who he is!» als auch: «We don't serve to niggers!» Mag sein, der Autobiograph Durham hat es gut erfunden, aber rückblickend kann man sich der Schadenfreude nicht enthalten: Das, liebe rednecks, ist euch gar nicht gut bekommen.

Sechzehn Kämpfe vergehen nach dem Olympiasieg, bevor wir auf einen stoßen, bei dem der Name des Gegners uns noch etwas sagt (vorausgesetzt, Namen von Profiboxern sagen uns überhaupt etwas): Archie Moore. Archie Moore war ehemaliger Weltmeister im Halbschwergewicht und zum Zeitpunkt des Kampfes 48 Jahre alt. Interessant bei der Angelegenheit ist, daß Moore für kurze Zeit Clays Trainer gewesen war. Clay hatte sich mit Moore überworfen, weil Moore Clays Boxstil nicht hatte akzeptieren und Clay beibringen wollen, wie man es richtig macht. Zu Recht wollte sich Clay *das* keinesfalls beibringen lassen, und man fand für ihn Angelo Dundee, der nicht zuletzt deshalb einer der ganz großen Trainer bleiben wird, weil er das Beste aus den Eigenarten der von ihm Trainierten zu machen wußte. Moore jedenfalls trat mit dem deutlichen Wunsche an, den ungehorsamen Schüler zu verhauen, und wie sehr er als Trainer Clay verkannt hatte, zeigte der Umstand, daß er es für möglich hielt, seinen Wunsch zu verwirklichen. Clay prophezeite den K. o. um des Reimes willen so: «Moore in Four» und hielt die Voraussage durch Zurückhaltung in den ersten Runden ein.

Überhaupt fiel Clay zu dieser Zeit der Presse mit seiner Angewohnheit, die Runde vorauszusagen, in der er gewinnen werde, auf die Nerven, und also wurden die Prophezeiungen mit dem Kommentar, Clay sei ein unerträgliches Großmaul, gedruckt, und darum ging es schließlich. Clay war derjenige, der wirklich begriffen hatte, daß Sport eine Branche des Entertainment ist und also entsprechende Methoden braucht. Daß er später seine eigenen Regeln verletzte und doch wieder nicht, daß er seine sportliche Laufbahn zum politischen Kreuzzug stilisierte und nie ganz unironisch dabei war, macht ihn zu dem vielleicht ersten postmodernen Strategen. Aber diese Strategie hätte natürlich nie funktioniert, wenn er nicht (fast) stets auf eine konzentrierte Bereitschaft gestoßen wäre, sich über ihn zu ärgern. Es gibt die Filmaufzeichnung eines Interviews, in dem ein weißer Reporter, nur mühsam beherrscht, als wäre er der – tja, was?: Vorgesetzte, Lehrer, Ordensmeister desjenigen, den er doch nur für eine Pauschale oder ein Stundensalär abzufragen hat, Clay anherrscht, ob er nicht endlich mal den Mund halten könne?! Für einen Interviewer eine Frage eigener Art. Clay antwortet mit einem so offenen wie gänzlich unnaiven Lächeln: «You know, that's impossible.» Und er wendet den Blick von dem wutgeplagten Frager ab und blickt geradeaus in die Kamera, die das Interview eigentlich als Gespräch zweier Profile aufnehmen will. Beides ist darin: Du wirst mich nicht zum Schweigen bringen und: Es ist absurd, diese Frage zum Thema eines Interviews zu machen. Zu den Prophezeiungen sagt er: Jeder wolle Rekorde brechen, Kennedy habe vorausgesagt, daß ein Amerikaner vor 1970 den Mond betreten werde, und so sage ich voraus, demnächst Weltmeister im Schwergewichtsboxen zu werden. Und er sagt etwas in der Tat Seltsames: «Ich werde Floyd Pattersons Rekord brechen.» Nun gibt es nur einen Rekord Floyd Pattersons nämlich das klassische Gesetz des Profiboxens: «They never come back» durchbrochen zu haben. Nach dem Verlust des Weltmeisterschaftstitels 1959 an Ingemar Johansson gewann Patterson ihn im Rückkampf zurück. Muhammad Ali war in der Tat der erste, der die Weltmeisterschaft dreimal gewinnen konnte. Doch bleibt dieser Blick des 20jährigen Noch-nicht-Weltmeisters auf die, sagen wir, Schwierigkeiten der Altersjahre merkwürdig.

Den Kampf gegen Henry Cooper beendet er, obwohl er ihn in der vierten Runde zu Boden schlägt, voraussagegemäß in der fünften. Der nächste Kampf ist der gegen Sonny Liston um die Weltmeisterschaft. Cassius Clay ist bei denjenigen, die Wetten auf den Ausgang des Kampfes entgegennehmen, der klare Underdog – Liston führt 7 : 1. Liston hatte allgemein und auch bei der Sportpresse einen schlechten Ruf, und man war durchaus der Meinung, er habe den auch verdient. Wegen bewaffneten Raubes war er für fünf Jahre ins Gefängnis gewandert, und dort hatte er das Boxen gelernt. Nach einigen erfolgreichen Kämpfen verprügelt Liston einen Polizisten, der einem Taxifahrer, in dessen Wagen Liston sitzt, einen Strafzettel verpassen will. Der Polizist landet im Krankenhaus, Liston wieder im Gefängnis. Wieder in Freiheit, wird er bald als der eigentliche Weltmeister im Schwergewicht angesehen; der Titelinhaber, Floyd Patterson, versucht eine Zeitlang, dem Kampf auszuweichen. Dann findet er am 25. September 1962 statt, und Liston gewinnt nach zwei Minuten und sechs Sekunden durch K. o.

Liston wird zu einer fast mythischen Gestalt, man sagt ihm nach, unschlagbar zu sein, vergleicht ihn nicht nur, sondern läßt ihn höher rangieren als Jack Johnson, Jack Dempsey oder Rocky Marciano, ja man traut ihm sogar zu, er hätte Joe Louis in dessen besten Tagen schlagen können. Mehr kann man einem Boxer nicht nachsagen. Ein Sportreporter schreibt: «Sonny Liston ist wohl der stärkste und schlagkräftigste Schwergewichtsboxer, der je gelebt hat. Ich bezweifle, daß Dempsey oder Marciano ebenso hart schlagen konnte wie er. Aber Liston hat noch mehr als nur einen vernichtenden Punch, er scheint auch unverwüstlich zu sein. Selbst wenn er hart am Kinn getroffen wird, zuckt er mit keiner Wimper.»[13] Und so weiter. Auch wenn heute keiner mehr Liston unter die Großen der Weltmeister rechnet (die meisten von Alis Gegnern hat man, wenn er gegen sie gewonnen hatte, für überschätzt erklärt), so sollte man sich doch sein damaliges Ansehen vor Augen führen. Die Sportpresse hielt ihn in der Tat für den besten und gefährlichsten Schwergewichtler aller Zeiten – sein Ruf war ebenso verheerend wie der Mike Tysons auf dem Höhepunkt seiner Karriere. Wenn man den Kampf Liston–Patterson anschaut, kann man das ein wenig verstehen. Floyd Patterson kommt gar nicht erst dazu, einen Kampf aufzubauen, selbst die Verteidigung gegen Liston kommt über ein Gerangel nicht hinaus. Nach sechs bis acht schweren Treffern fällt Patterson um.

Beim zweiten Kampf Liston–Patterson braucht Liston vier Sekunden länger, um Patterson auszuknocken. Bei diesem zweiten Kampf war Liston der 5:1-Favorit – man kann also sehen, was die Fachleute, Sportreporter und präsumtiven Zuschauer eines Kampfes Liston–Clay von letzterem hielten. – Clay hatte den Kampf gegen Patterson dazu benutzt, seinen Anspruch auf einen Titelkampf lautstark zu verkünden. Er hatte eine Public-Relations-Kampagne aufgebaut, wie es dergleichen zuvor nicht gegeben hatte. Ziel der Kampagne war einmal, als scheinbar Chancenloser den Kampf überhaupt zu bekommen und dann möglichst viel Aufmerksamkeit auf ihn zu ziehen, um die Kampfbörse hochzutreiben. Clay verletzte durch diese Kampagne bewußt die Benimmregeln, die für Sportler, vor allem schwarze Boxer, galten: allem voran Bescheidenheit. Liston werde in der achten Runde fallen, prophezeite Clay, und er pflegte abfällige Bemerkungen über Liston hinzuzufügen, der häßlich sei und langsam. Zentraler Slogan der Kampagne war «I am the Greatest!», und diese Bezeichnung übernahm das Publikum erst widerwillig und dann im Laufe der Jahre mit wachsendem Respekt. Anfangs aber war dieses schwarze «loudmouth» ein Skandal, sagte Clay doch nicht nur, er sei der Größte, sondern auch der Schönste. Wahr ist, daß Clay gut aussah, und zwar nicht nur «für einen Boxer». Gleichwohl ist für einen Boxer Schönheit ein befremdliches Attribut – wer Wert darauf legt, ein schönes Gesicht nicht nur zu haben, sondern auch zu behalten, sollte nicht boxen. Aber der Skandal lag natürlich noch anderswo. Es war ein Schwarzer, der so von sich sprach, und das zu einer Zeit, in der der Spruch «Black is beautiful» eben noch nicht erfunden war, einer Zeit, in der Drogerien Hautbleichmittel für Schwarze verkauften und Essenzen, um krauses Haar zu glätten. Für Selbstwahrnehmung und Selbstbewußtsein der Schwarzen nicht nur in Amerika hat Clay/Ali vielleicht mehr getan als Martin Luther King, Malcolm X, Patrice Lumumba und Bill Cosby zusammen.

Für die Weißen rief Clays in bestem Sinne unverschämtes Benehmen unangenehme Erinnerungen an den Weltmeister der Jahre 1908–1915, Jack Johnson, herauf. Johnson war der erste Schwarze gewesen, der Weltmeister geworden war, und sein gleichfalls unverschämtes Selbstbewußtsein hatte ihm offenen Haß eingetragen. Johnson war in Wahrheit der erste Propagandist des «Black is beautiful» gewesen, aber ganz wie der junge Clay hatte er eigentlich nichts weiter gesagt, als daß er selbst schön sei: «Nachdem Gott mich geschaffen hatte, zerbrach er die Gußform.»[14] Er selbst war, anders als später der zu Muhammad Ali gewordene Cassius Clay, gänzlich unpolitisch, aber seine Siege führten zu Rassenunruhen, und der Film seines Sieges über «The greath white hope», den früheren Weltmeister Jim Jeffries, der den Titel der weißen Rasse hatte zurückgewinnen wollen und sollen, wie Propagandisten wie Jack London geschrieben hatten, durfte öffentlich nicht gezeigt werden.

Man würde sich schwertun, wenn man auseinanderhalten wollte, was bei Ali Selbstbewußtsein, was Verhaltenstherapie, was politische Überzeugung, was reines PR war. «Ich begann den Ausgang meiner Kämpfe vorherzusagen», erzählte Clay einmal, «nachdem ich den großen Ringer Georgeous George beobachtet hatte. Ich höre ihn über seinen weißen Kameraden sagen: ‹Ich bin der Größte! Ich bin der König! Ich bin der größte Ringer der Welt und kann nicht besiegt werden. Wenn dieser elende Dummkopf mir auch nur eine von meinen schönen Wellen auf meinem Kopf durcheinanderbringt, dann bring ich den Kerl um. Ich bin der König. Wenn dieser Dummkopf mich auf die Bretter legt, nehm ich den nächsten Jet nach Rußland, weil ich nicht besiegt werden kann. Ich bin der Schönste. Ich bin der Größte!› Als er im Ring war, buhten ihn alle aus, und wie! Ich war wütend. Ich schaute mich um und sah, daß alle verrückt waren. (…) 15 000 Leute waren gekommen, um zu sehen, wie dieser Mann geschlagen wurde. Aber mit seinen Sprüchen hat er das geschafft. Und da sagte ich mir, das sei eine ganz ausgezeichnete Idee.»[15] In der Tat füllte Clay die Säle mit Leuten, die nur eines sehen wollten: einen geschlagenen demütigen Clay. So berichtet Ali seinem Autobiographen Richard Durham über eine Frau – «Miss Velvet Green» –, die jeden seiner Kämpfe besucht und die er zunächst für einen Fan hält: «‹Waren Sie auch hier, als ich gegen Cleveland Williams kämpfte?› fragte ich. ‹Ich sehe alle Ihre Kämpfe›, antwortete sie ruhig.

‹Danke, Madam›, entgegnete ich, ‹beehren Sie mich bald wieder.›

‹Ich werde kommen›, sie faltete den Zettel mit dem Autogramm sorgfältig, ‹bis man Sie einmal auf einer Bahre hinaustragen wird.›

Das sagte sie so ruhig und sachlich, daß ich meinen Ohren nicht traute. ‹Warum wollen Sie mich geschlagen sehen?›

‹Weil Gott nicht immer das Böse gewinnen lassen kann. (...) Ich werde dabeisein, wenn einer Ihnen die Fresse poliert und reintritt. (...) Falls es einen Gott gibt, wird das einmal passieren, und dann möchte ich da sein.›»[16]

Clay fährt mit einem Bus herum, auf den Parolen gemalt sind – auch die Entlehnung einer Idee (aus Budd Schulbergs «The harder they fall»). Er fährt bei Liston nachts vor und schlägt Lärm, bis Liston mit der Polizei droht. Er läßt sich photographieren mit einem Seil und einem Schild «Auf Bärenjagd». Er tut so ziemlich alles, um Aufmerksamkeit auf sich zu lenken, Aufmerksamkeit und Abneigung. Als Boxer nimmt ihn kaum jemand mehr ernst. «Dreiundvierzig der sechsundvierzig Boxsportreporter dieses Landes sagten voraus, daß Clay nicht aufrecht aus dem Ring gehen würde. Natürlich sahen viele Leute in dem Kampf Clay–Liston eine Chance dafür, daß Clay endlich lernte, den Mund zu halten. (...) Das wußte Clay und riß erst recht den Mund auf. Diese Prahlerei zwang Sonny zum Reden. ‹Wenn sie je den Kampf veranstalten, werde ich wegen Mordes eingesperrt›, sagte er.»[17]

Es kommt zu einer Vereinbarung über den Kampf – dann sagt Clay ihn ab. Die Börse stimmt nicht. «Ich hatte zuviel geredet und zu hart gearbeitet, um mit wenig Geld zufrieden zu sein, und wenn ich die Sache aufgebaut habe, reiße ich sie auch wieder ein. Zwischen Liston und mir gibt es keinen Kampf, solange das Geld nicht stimmt. Ich bin das Weltgespräch. Von mir weiß man, daß meine Vorhersagen stimmen. ‹Der Große Bär› braucht mich. Wenn ich dabei wenig verdienen soll, kämpfe ich lieber nicht.»[18] Ein paar Monate später kommt es zur Vertragsunterzeichnung. Danach setzt Clay seinen Propagandafeldzug gegen Liston, den er alt und verbraucht nennt und immer wieder: häßlich, fort. Für den Kampf prophezeit er einen K. o. in der achten Runde, und für seinen Kampfstil findet sein Cornerman und Freund Bundini Brown den Satz «Float like a butterfly, sting like a bee».

Es ist üblich, daß sich die beiden Kontrahenten kurz vor dem Kampf treffen, damit ihr Kampfgewicht festgestellt wird, das ist das sogenannte Einwiegen. Clay nutzt dieses Treffen, zu dem in der Regel die interessierte Presse geladen wird, zu einem letzten Auftritt. Er springt herum, schreit: «Float like a butterfly, sting like a bee» und benimmt sich so unmöglich, daß Liston, als er den Raum betritt, mit «donnerndem Applaus» bedacht wird. Clay tut so, als wolle er Liston auf der Stelle angreifen. Nur mühsam, so scheint es, kann man ihn zurückhalten – der Arzt kontrolliert den Puls: 120 Schläge in der Minute. Clay schien in der Tat nicht ganz bei sich zu sein. War er vollständig verängstigt und wollte seine Angst überspielen? «Clays Stimme wurde immer schriller, er fuchtelte mit den Händen herum, hüpfte und kreischte, und die Augen quollen ihm vor. Er schien am ganzen Körper zu fliegen. Das war nicht nur erstaunlich, sondern zum Fürchten. Aber es war Theater. Es gehört dazu körperliche Anstrengung, wahrscheinlich auch Angst. Aber wenn Clay Angst hatte, so war es eine kontrollierte Angst, eine Energie, die Clay gewöhnlich in der Show vor dem Kampf verpulverte.»[19] Als Clay den Wiegeraum verließ, war er ruhig, sein Puls wies die für ihn normale Höhe von 54 Schlägen pro Minute auf. Liston wußte nicht, was er aus alledem machen sollte. Vermutlich war er der Meinung, er habe in Clay einen buchstäblich Verrückten vor sich.

Der Kampf war eine Sensation und selbst für die, die Liston nicht überschätzt und Clay eine, wenn auch nicht besonders große, Chance gegeben hatten, eine Riesenüberraschung. Zur siebten Runde tritt Liston nicht mehr an. Frustriert und böse und mit zerschlagenem Gesicht sitzt er in seiner Ecke. Er hatte Clay kein einziges Mal in Schwierigkeiten gebracht, nicht einmal in der fünften Runde, wo Clay, weil ihm etwas ins Auge geraten war, fast blind hatte kämpfen müssen. Hingegen hatte Clay ihn nach Belieben getroffen, und von Runde zu Runde härter. Bei einem seiner vielen Schläge ins Leere muß Liston sich einen Muskelriß im rechten Arm zugezogen haben. Er gab mit gleichermaßen bösem wie resigniertem Gesicht auf.

Ich werde weiter unten auf diesen Kampf eingehen, weil einiges über ihn geschrieben worden ist, das so nicht stimmt. Denn der Kampf zeigte nicht nur den leichtfüßigen Clay, der sich stets außer Reichweite hält und Sonny Liston mit leichten linken Geraden (jabs) eindeckt. Aber hier wollen wir es zunächst dabei bewenden lassen. Nach dem Kampf folgte eine Pressekonferenz, und sie war dem neuen Weltmeister zu gönnen. «I shook the world! I really must be the Greatest!» rief er mit dem Rest von Erstaunen, der das Glück ausmacht, wenn Wunsch und Wirklichkeit zusammenfallen. Wenn man heute den über 50jährigen Boxer ansieht, seine zitternden Hände, die Artikulationsschwierigkeiten, so sieht man vor sich einen Menschen, den einige Kämpfe zu viel, medizinischer Dilettantismus kaputtgemacht haben – den aber, alles in allem genommen, doch eben das Boxen selbst zerstört hat. Aber in keinem anderen Beruf hätte Ali jene Höhen erreichen können, aus denen er nun eben eines Tages fallen mußte. Ich vermute, daß wenige Menschen in ihrem Leben solche Augenblicke des Triumphes erlebt haben wie den, den Clay erlebte, als Liston sich weigerte, den Kampf fortzusetzen. Die Frage, was welchen Preis wert ist, stellt sich erst, wenn der Preis zu entrichten ist; und wenn der Tag des Bezahlens sehr weit entfernt ist von dem, an dem er angezahlt wurde, scheint er fast immer zu hoch. Aber die Frage, die dahinter liegt, ist keine, die eine schnelle Antwort verdient.

Die Pressekonferenz «in his own words»: «Als alles vorbei ist, will ich noch eine Abschlußrede halten, und zwar vor der Presse. Sie drängen sich um mich, und es fällt mir schwer zu vergessen, daß beinahe alle von ihnen mich für einen Schwindler gehalten haben. Sie beginnen, mich mit Fragen zu bombardieren, aber ich unterbreche sie: ‹Halt! Halt! Jeder von euch hat vor dem Kampf Gelegenheit gehabt, alles zu sagen, was er denkt. Jetzt bin ich dran. Ihr habt alle gesagt, daß Sonny Liston mich umbringen wird. Ihr habt gesagt, daß er besser ist als Jack Johnson oder Jack Dempsey oder sogar Joe Louis, und die habt ihr als die besten Schwergewichtler aller Zeiten eingestuft. Ihr habt dauernd davon geschrieben, wie Liston zweimal Floyd Patterson geschlagen hat, und als ich euch sagte, ich würde Liston in der achten Runde flach legen, wolltet ihr es mir nicht glauben. Während jetzt die Kameras auf uns gerichtet sind, will ich, daß ihr der ganzen Welt sagt, daß ich der Größte bin.› Schweigen. ‹Wer ist der Größte?› fragte ich sie. Niemand antwortet. (...) ‹Zum letztenmal! (...) Wer ist der Größte?› Sie zögern noch eine Minute, dann antworten sie unisono mit dumpfer Stimme: ‹Du bist es.›»[20]

Es gibt einen Rückkampf. Je nach Lesart dauert er eine Minute und zweiundvierzig oder zwei Minuten und zwölf Sekunden. Clay schlägt Liston mit einem linken Haken zu Boden, der Ringrichter fängt zu spät an zu zählen, während er mit den anderen Schiedsrichtern debattiert, steht Liston wieder auf, der Kampf geht weiter und wird schließlich gestoppt. Niemand aber hatte den Schlag gesehen, der Liston niederstreckte – war der Kampf inklusive aller Merkwürdigkeiten um den inkompetenten Ringrichter abgesprochen? Natürlich war das Unsinn, da Clay gar keine Lobby hinter sich hatte, die eine solche Absprache hätte organisieren können – im Gegenteil. Wer die Aufzeichnung des Kampfes ansieht, kann, obwohl Liston halb mit dem Rücken zur Kamera steht und das Auftreffen von Clays Rechter nicht zu sehen ist, erkennen, daß hier das vorliegt, das der Jargon einen «hochkarätigen Treffer» nennt. Außerdem hat Liston dem Weltmeister im Halbschwergewicht, José Torres, gegenüber kurz nach dem Kampf den Treffer zugegeben.[21] Aber trotzdem bürgerte sich die Rede vom «phantom punch» ein.

Wer die Wahrheit über die beiden Kämpfe gegen Liston wissen möchte, muß nur ein Photo betrachten, das während des ersten Kampfes aufgenommen wurde. Es findet sich u. a. in Hausers Biographie Muhammad Alis. Ali hat gerade eine Linke geschlagen, und die Fortsetzung durch eine Rechte ist abzusehen. Liston scheint diese zu erwarten, ohne etwas dagegen unternehmen zu wollen. Sein Gesicht zeigt nicht nur Schmerz, seine Stirn ist in viele Falten gezogen wie bei einem alten sorgenvollen Mann, der Mund verzieht sich, als wolle er sogleich zu weinen beginnen. Diese Mischung aus Hilflosigkeit, Sorge und Weinen verbindet sich zu einem Ausdruck von Furcht davor, daß alles das, was ihn so hatte aussehen lassen, andauern könnte. Hier ist jede Hoffnung, mehr: jeder Anspruch, noch für den Titel einstehen zu können, ausgelöscht.

Der erste Herausforderer des neuen Weltmeisters war nach Listons Niederlage, ironisch genug, Floyd Patterson. Patterson, schreibt José Torres, wurde die erste schwarze «weiße Hoffnung» in der Geschichte des Boxsports; er hatte verkündet, den Titel «nach Amerika zurückbringen» zu wollen.[22] Dieser Kampf war bereits Politik. Eldridge Cleaver charakterisierte ihn in «Soul on Ice» so: «Die vereinfachte Version des Kampfes, die in der Presse herumspukte, war die, daß eine ‹weiße Hoffnung› gegen eine ‹schwarze Hoffnung› angetreten war. Die weiße Hoffnung auf einen Sieg Pattersons war im Grunde ein gegenrevolutionärer Wunsch, den Neger zu zwingen, der jetzt rebellierte und in der Boxwelt von Ali repräsentiert wurde, wieder ‹an seinen Platz› zurückzukehren. Die schwarze Hoffnung dagegen war die, Lazarus vernichtet, Onkel Tom besiegt zu sehen, einen symbolischen Beweis des Sieges des autonomen Negers über den unterwürfigen Neger zu erbringen.»[23] Der Kampf wurde in der zwölften Runde gestoppt, und manche meinten, Ali hätte aus reinem Sadismus den Kampf auf diese Distanz gedehnt, da Patterson nicht nur hoffnungslos unterlegen gewesen, sondern auch noch mit einem Rückenleiden angetreten war. Torres, von dem die besten und differenziertesten Analysen der Kämpfe Alis stammen, war der Meinung, daß die Konzentration Pattersons auf die bloße Verteidigung jenen Überraschungstreffer verhindert hätte, der für einen K. o. nötig ist – jedenfalls wenn der Treffende kein «big puncher» ist. Sieben Jahre später gelang Ali ein K. o. in der siebten Runde.

Schon vor dem ersten Kampf gegen Liston war einiges durchgesickert, Gerüchte waren aufgekommen, denn es waren nicht nur die Beatles, sondern auch Malcolm X war in Clays Trainingscamp gesehen worden, und die Durchführung des Kampfes war dadurch ernstlich gefährdet, und Clay hatte versprochen, bis nach dem Kampf zu schweigen. Jetzt sprach er wieder laut, und nicht nur selbstbezügliche Parolen. Er folgte Malcolm X und legte seinen «Sklavennamen» ab – fast jeder amerikanische Schwarze ist Abkömmling eines Sklaven, und freigelassene Sklaven pflegten oft den Familiennamen des Sklavenhalters anzunehmen, so etwas wie eine Art «Urfehde». Außerdem trat Clay zum Islam über, und zwar nicht einfach so, sondern er trat der Sekte der Nation of Islam (Black Muslims), angeführt von dem Prediger Elijah Muhammad, bei, zu der auch Malcolm X gehörte. Er aber nannte sich nicht Cassius X (mit der Ausnahme des Augenblicks seiner ersten Musterung durch das amerikanische Militär), sondern erhielt von Elijah Muhammad den Namen Muhammad Ali. Malcolm X wurde zwischen dem ersten und zweiten Liston-Kampf erschossen – die Umstände sind bis heute nicht geklärt, aber man scheint zur Zeit zu der Variante zu tendieren, daß Malcolm X von der Nation of Islam erschossen worden war, weil er sich von ihr und ihrer strikten Apartheitspropaganda abzuwenden begonnen hatte. Vielleicht ist es aber auch der Ku-Klux-Klan gewesen, wer weiß.

Muhammad Ali benahm sich also nicht nur wie ein zweiter Jack Johnson, sondern gab sich politisch, war politisch und wirkte politisch, und irritierender-, ärgerlicher- oder provozierenderweise erklärte er seine Zugehörigkeit zu einer Gruppe, die nicht nur einigen Obskurantismus für sich verbuchen konnte[24], sondern die Bürgerrechtsbewegung an Radikalität durchaus überbot. Das Programm der Rassenintegration nannte Muhammad Ali Unterwerfung. Er übernahm die Rhetorik von Malcolm X, der integrationswillige Bürgerrechtler «Uncle Toms» nannte und in einer Rede zwei schwarze Traditionslinien deutlich machte, die des «house-» und die des «field-negro». Gerate das Haus des Sklavenhalters in Flammen, laufe der «house-negro» hinein und rette das Kind des Herrn, der «field-negro» aber trage Baumwolle herbei, um den Brand zu schüren. Ali macht sehr deutlich, daß er sich der Tradition des «field-negro» verbunden fühlte – oder sagen wir lieber so: Er legte allen die Unterstellung sehr nahe. Dazu kam, daß vor dem Kampf mit Patterson bekannt wurde, daß Patterson, der ein Haus in einem «weißen» Viertel New Yorks bewohnte, sich gezwungen gesehen hatte, es zu verlassen, weil seine Kinder von Nachbarn als «niggers» angepöbelt worden waren. «Ich hab nie was Armseligeres gelesen als Pattersons Erklärung an die Zeitungen: ‹Ich versuchte die Integration, sie war einfach nicht möglich.› (...) So war es auch, als er Champion war. In Harlem sah man ihn nur dann, wenn er auf dem Rücksitz eines weißen Wagens bei einer Parade mitfuhr und winkte. Für seine eigene Rasse hatte der Bonze nie Zeit, weil er mit seiner Integration so beschäftigt war. Und jetzt will er gegen mich kämpfen, weil ich zu meinem schwarzen Volk halte.»[25] Zudem war Patterson gerade Katholik geworden, also Angehöriger einer in den USA nicht gerade exotisch wirkenden, aber doch, aus historischen Gründen, nicht besonders verbreiteten Religion, die aber immerhin eine christliche ist und eine Weltreligion, und da die USA bis heute ein christlich dominiertes Land sind, handelte es sich bei der ganzen Angelegenheit auch noch um den Kampf zweier Weltreligionen in einem Land, dessen Sympathien in dieser Hinsicht ganz eindeutig waren, obwohl von den Weltproblemen, die christlicher und vor allem islamischer Fundamentalismus aufwerfen sollten, damals noch niemand eine Ahnung hatte.

Außerdem verweigerte Muhammad Ali den Kriegsdienst. Zunächst war er bei der Musterung durchgefallen, weil er bestimmte Aufgaben des Intelligenztests nicht hatte lösen können. Später, als der Krieg mehr Soldaten brauchte, senkte die einberufende Behörde ihre Standards, und Cassius Clay wurde kriegstauglich. Es waren Fernsehreporter, die ihm das mitteilten. Ali reagierte eher belästigt: was das alles solle, schließlich habe er keinen Streit mit dem Vietcong. Dieser Satz «I ain't got no quarrel with the Viet Cong» war nicht nur unpatriotisch, sondern für jeden Patrioten, redneck oder Miss Velvet Green von extremer Rotznäsigkeit. Einmal kommt es bei einem Supposed-to-be-Soldaten nicht auf seine eigenen Angelegenheiten an, vielmehr ist die Angelegenheit des Vaterlandes die Angelegenheit, die alle anderen unwichtig macht, und zweitens war ein Kampf wie der gegen den Kommunismus in Südostasien nichts, was irgendwer so einfach mit «quarrel» bezeichnen durfte. Man kann schon annehmen, daß die Entscheidung, Ali einzuziehen, von der öffentlichen Meinung nicht ganz unbeeinflußt gewesen ist. Torres gibt einige Briefe an die Behörde wieder, von denen einer beispielsweise so lautet: «Wann bringt ihr endlich den Mut auf, dieses lausige, unamerikanische, feige Niggergroßmaul (...) in die Army zu stecken, wo ihm, wie wir alle hoffen, sein Dummkopf abgeschossen wird!»[26]

Ali hatte inzwischen die Herausforderung durch Ernie Terrell angenommen[27], aber Terrell hatte irgendwelche Verbindungen zur im Boxsport immer latent präsenten «Unterwelt» (und man darf nicht vergessen, daß Alis Verbindung zu den gewaltbereiten Black Muslims ihm auch diesbezüglichen Schutz garantierte), was den Kampf in New York in Schwierigkeiten brachte, worauf man sich auf Chicago einigte. Aber der Staat Illinois verbietet Boxern «moralische Verworfenheit» und dem Boxsport abträgliches Benehmen, und damit war nun nicht die Verbindung mit irgendwelchen Verbrechersyndikaten gemeint, sondern der Satz «Ain't got no quarrel with the Viet Cong». Der Kasus stand zur Untersuchung an; der Gouverneur des Bundesstaates mischte sich ein, nannte Alis Äußerungen «widerlich», Chicagos Bürgermeister Daley bat die Untersuchungskommission, den Kampf abzulehnen.

Ein Hearing wurde anberaumt, die Kommission war sich nicht einig. Ali entschuldigte sich für seine Äußerungen – nicht für den Inhalt, aber dafür, daß er sie nicht der Einberufungskommission, sondern der Presse gegenüber gemacht habe. Sollte er ferner jemandem Schwierigkeiten durch diese Äußerungen bereitet haben, so bitte er auch dafür um Entschuldigung. Auf die Frage, ob er sich für die «unpatriotische» Bemerkung entschuldigte, sagte er, er denke nicht daran. Der Kampf konnte (die Kommission entschied 2:1 gegen Muhammad Ali) nicht in Illinois stattfinden. Alis Heimatstadt Louisville lehnte ab, andere Städte folgten ihr darin. Man brachte den Kampf in den USA nicht zustande, und also versuchte man es in Kanada. Darauf weigerte sich Terrell zu kämpfen. Sein Kalkül war klar, er spekulierte darauf, daß Ali Schwierigkeiten mit den Behörden bekommen, eingezogen oder ins Gefängnis wandern würde und Terrell auf diese Weise eine größere Chance hätte, nach den dann fälligen

Ausscheidungskämpfen als unbestrittener Weltmeister dazustehen.

Ali nahm statt dessen einen Kampf gegen den Kanadier George Chuvalo an; weniger Geld hatte lange kein Weltmeister für einen Kampf erhalten[28]; es kam zu einem Punktsieg nach der fünfzehnten Runde. Es folgte der zweite Kampf gegen den Engländer Henry Cooper, und Ali blieb gleich in England, um gegen Brian London zu kämpfen, den er in der dritten Runde besiegte. Die Auslandstournee führte dann nach Deutschland, wo der Kampf Ali–Mildenberger in der zwölften Runde endete.

Inzwischen wartete man auf einen Termin für Alis Einberufung zur Armee der USA und zum Einsatz in Vietnam. Die Aufregung über die unpatriotischen Bemerkungen Alis hatte sich offenbar ein wenig gelegt, so daß wieder Kämpfe in den USA möglich wurden – gegen Cleveland Williams, Ernie Terrell, Zora Folley. Nach diesen Kämpfen gab es niemanden mehr, der an Alis Meisterschaft zweifelte[29]. Er hatte bewiesen, daß er jedem Boxer seinen Stil aufnötigen, daß er in jedem Stil eine Herausforderung beantworten konnte, daß er schneller und präziser war als seine Gegner, aber auch ebenso hart und wirkungsvoll schlagen konnte wie sie und – mehr an Schlägen einstecken. Abgesehen davon aber waren Muhammad Alis Kämpfe – vorausgesetzt natürlich, man konnte Boxkämpfen überhaupt etwas abgewinnen – voll Spannung und Eleganz. Sie waren, wenn es denn erlaubt ist, eine so krude Angelegenheit wie eine Prügelei so zu nennen, intelligenter als alles, was man zuvor im Boxen gesehen hatte.

Dann wurde Ali eingezogen, und er verweigerte den Kriegsdienst aus Glaubensgründen. Er berief sich darauf, ein Priester des Islam zu sein, und berief sich auf das in der Verfassung der USA garantierte Recht auf freie Religionsausübung. Daraufhin erkannte man ihm den Weltmeistertitel ab, und für über drei Jahre gelang es ihm nicht, in irgendeinem Bundesstaat der USA eine Boxlizenz zu erlangen. Muhammad Ali war auf dem Höhepunkt seiner Laufbahn, er war Mitte 20 – im besten Alter für einen Boxer. Liston hatte den Titel mit 30 gewonnen und mit 33 verloren. Patterson hielt ihn vom 22. bis zum 28. Lebensjahr; Joe

Louis wurde mit 22 Weltmeister und blieb es bis 36; Rocky Marciano gewann den Titel mit 29 und hörte mit 32 auf zu boxen; Jack Dempsey 24 bis 32. Als Ali seinen ersten Kampf nach der erzwungenen Pause bestreiten konnte, war er 28, also über die besten Jahre noch nicht ganz hinaus. Aber erstens hatte er drei Jahre lang nicht im Ring gestanden, und zweitens galten seine besonderen Fähigkeiten als die typischen eines jungen Boxers: Schnelligkeit und Beweglichkeit. «Im Alter», soll heißen ab Mitte der 20, wird ein Boxer langsamer, aber dafür stärker; er gewinnt an Gewicht und Schlagkraft, was er an Schnelligkeit einbüßt. Das zahlt sich für einen «puncher» aus, der von dem gewinnt, worauf er ohnehin setzt, und verliert, was nie seine Stärke war, nicht für einen «stylist», der unsicher sein wird, ob er seinen Verlust wird kompensieren können. Die Reporter waren nach den ersten Kämpfen untereinander einig: Ali konnte nicht. «Das ist nicht der Tänzer, den wir erwartet haben», lautet ein typischer Kommentar, «das ist ein flachfüßiger Ali.» Alle sehnen sich nach dem «alten Ali», dem «jungen Cassius Clay», zurück.

Die erste Boxlizenz erhält Ali ausgerechnet in den Südstaaten. Er kämpft gegen Jerry Quarry und siegt in der dritten Runde. Dann besiegt er den Argentinier Oscar Bonavena in der fünfzehnten Runde durch K. o. Der nächste Kampf war der erste gegen Joe Frazier. Frazier war während der Zeit, in der Ali keine Boxlizenz erhielt, nach einigen Ausscheidungskämpfen zum Weltmeister erklärt worden, und nun sollte geklärt werden, ob er es denn auch wider alle Zweifel sei. Ali verlor nach Punkten, die letzte Runde sah ihn nach einem linken Haken am Boden. Den Rückkampf gewann Ali, nur nach Punkten, aber eindeutig. Doch zwischen den beiden Kämpfen war einiges passiert. Ali hatte Jimmy Ellis, Buster Mathis, Jürgen Blin, Mac Foster, noch einmal George Chuvalo, noch einmal Jerry Quarry, Al Lewis, kurios genug: noch einmal Floyd Patterson, Bob Foster, Joe Bugner, den Nachfolger Henry Coopers als Europameister, nach Punkten oder durch K. o. besiegt. Dann traf er auf Ken Norton, der, neben seinem Beruf als Boxer, als Filmstar in dem berüchtigten Film «Mandingo» mitgewirkt hatte und der erste moderne Bodybuilding-Typ im Ring war. Norton brach Ali den Unterkiefer, vermutlich in der zweiten Runde, und Ali verlor nach Punkten. Einen Rückkampf gegen Norton gewann er nach Punkten, aber nicht «überzeugend». Dann folgte ein enttäuschender Punktsieg gegen einen Rudi Lubbers in Jakarta.

Es ist nicht ohne Bedeutung, daß Ali und sein Autobiograph das Buch «Der Größte. Meine Geschichte» mit der Niederlage gegen Ken Norton beginnen lassen: «‹Louisville 100 Meilen›. Im dichten Regen kann ich den Wegweiser kaum ausmachen. (...) Bis jetzt war ich immer wie ein siegreicher Jäger nach Hause zurückgekehrt und hatte reichlich Beute aus dem Urwald mitgebracht: Zweimal die Goldenen Boxhandschuhe, ein paar Amateurtitel, eine olympische Goldmedaille, die Weltmeisterschaft im Schwergewicht. Selbst nach meinem Ausschluß aus dem Boxsport blieb ich immer noch der Unbesiegte.

Nun schreiben wir das Frühjahr 1973, und ich habe eine Niederlage hinter mir, die in meiner Heimatstadt jeder Mann, jede Frau, jedes Kind gehört oder gesehen hat, genau wie alle anderen Menschen auf der Welt.»[30]

Ali kämpfte also ein zweites Mal gegen Joe Frazier und gewann. Aber Frazier war nicht mehr Weltmeister, er war zuvor von George Foreman in einem Zweirundenkampf mehrmals zu Boden geschlagen worden, so daß der Ringrichter den Kampf beenden mußte. Ein Punktsieg war, schon im Vergleich damit, nichts, was der Boxfan, der klare Verhältnisse will, «überzeugend» nennt. Dann kommt es zum Kampf gegen George Foreman in Kinshasa, Zaire (aus Gründen der geringeren Einkommensteuern, aber Ali konnte daraus natürlich ein glänzendes ideologisches Argument gewinnen, hatte Foreman doch bei den Olympischen Spielen, gewissermaßen als Antwort auf den Black-Power-Gruß zweier schwarzer Athleten bei der Siegerehrung, patriotisch das Sternenbanner geschwungen). Foreman ist Favorit. Man ist zwar vorsichtig, aber es scheint ausgeschlossen, daß Ali zu seiner früheren Klasse zurückfindet, und vor allem ausgeschlossen gegen George Foreman, der alles zu halten scheint, was Sonny Liston nur versprochen hatte. Muhammad Alis Sieg ist eine erneute Sensation, und er ist es um so mehr, als er eben keine Auferstehung des «jungen Clay» wurde. Im Gegenteil: Ali hatte sich über lange Phasen des Kampfes scheinbar passiv in die Seile gelehnt und Foreman schlagen lassen – zur Verwunderung der amerikanischen Sportreporter und zur grenzenlosen Verblüffung des deutschen Kommentators, der erst, als Foreman in der achten Runde am Boden lag, merkte, daß hier etwas vorgegangen war, was er nicht ganz mitbekommen hatte. Die amerikanischen Kommentatoren hatten das «Kippen» des Fights schon früher bemerkt.

Es folgten unbedeutende Kämpfe. Gegen Chuck Wepner (der allerdings inspirierte Sylvester Stallone zu seinem «Rocky»), Ron Lyle, noch einmal Joe Bugner, zwei Punktsiege, ein K. o. Dann folgte der dritte Kampf gegen Joe Frazier. Kein Zweifel, daß – ganz gleich, wie die persönliche Vorliebe für den einen oder anderen Kampf sein mag – der erste Kampf gegen Liston, der gegen Foreman und der Kampf gegen Frazier in Manila die «großen drei» Kämpfe Muhammad Alis gewesen sind. Der Frazier-Kampf ist der letzte der drei – in gewissem Sinne der konventionellste und mit Sicherheit derjenige, der Alis Niederlagen am ähnlichsten ist. Liston–Clay und Foreman–Ali sind Bravourstücke, und wenn wir uns schon in martialischen Gegenden aufhalten, könnte man sagen, sie seien Alis Trasimenischer See und sein Cannae gewesen. Manila aber wäre nur mit einem Sieg Hannibals bei Zama zu vergleichen.

Aber was macht einer mit Zama, wenn er gewinnt und Hannibal ist? «This was the next to dying», sagt Muhammad Ali, und Frazier kommentiert aus dem Krankenhaus, er habe Schläge losgelassen, die eine Mauer zertrümmert hätten: «What a great champ he is!» Kurz: Es wäre Zeit gewesen, aufzuhören. Bleiben wir bei den Gleichnissen. Einer der wenigen, die nicht aufhören konnten und denen es gut bekommen ist, war Augustus, schlecht bekommen ist es Cäsar (aber wann hätte der aufhören sollen?). Sulla und Diokletian sind keine glücklichen Pensionäre geworden. Und man soll sich ja auch nichts vormachen. Alle diese Boxpensionäre, wenn sie auch ihr Geld erfolgreich in Frettchenfarmen stecken wie Max Schmeling und als zähe Greise davon leben, daß sie in den Zwanzigern was geleistet haben, wenn sie tot in ihrer Wohnung gefunden werden wie Sonny Liston, wenn sie ihre Frauen durch die Badezimmertür erschießen wie Gustav Scholz oder wenn sie Würstchenbuden in Hamburg-Dammtor betreiben, sie wirken doch «gemessen an» ihrem Vorleben eigenartig – aber was können sie dafür. Geht es Tennisspielern anders? Irgendwie schon. Der Abstand ist nicht so groß. Das «gemessen an» ist ein wenig weniger bedeutsam. Das Vorleben nicht halb so sehr aufgeladen mit Archaik und Anspruch. Welcher Golfspieler hätte es denn fertigbringen können, als «der Größte» ins Sprichwort zu geraten?

Nach Frazier besiegt Ali Jean Pierre Coopman, Jimmy Young, Richard Dunn, Ken Norton – wieder knapp (und ich gestehe, in New York dabeigewesen zu sein und gebangt zu haben, und doch habe ich am Ende nur dem Zuschauer recht geben müssen, der sagte: «Es war sehr knapp. Zu knapp, um einem Mann den Titel wegzunehmen»), Alfredo Evangelista, Earnie Shavers: alle Kämpfe, bis auf zwei, Punktsiege. Dann trifft Ali auf den jungen Olympiasieger Leon Spinks. Ali, schlecht trainiert und hoffend, noch ein paar Kämpfe mit bloßer Routine über die Runden bringen zu können, verliert klar nach Punkten. Ein halbes Jahr später gibt es einen Rückkampf, und Ali löst seine seltsame Prophezeiung ein, er werde Floyd Pattersons Rekord brechen. Er wird in der Tat der erste, der den Weltmeisterschaftstitel dreimal gewinnt, er besiegt Leon Spinks, nach Punkten zwar, aber es bleiben keine Fragen offen. Er tut, was er schon nach Manila angekündigt hatte, er tritt zurück. Ali ist 36. Nur Vertraute und Insider, das ist schwer zu trennen, wissen, daß er ernste Gesundheitsprobleme hat. Nächster Weltmeister wird sein ehemaliger Sparringspartner Larry Holmes. Holmes gewinnt acht Titelkämpfe, davon einen gegen Ken Norton, bevor Muhammad Ali ihn herausfordert. Ali will den Titel zum vierten Mal gewinnen. Aber das ist irgendwie abgeschmackt. Als erster den Titel zurückgewonnen zu haben, das ist was, ihn als erster dreimal gewonnen zu haben, auch das. Ab dann herrscht Inflation resp. Langeweile. Warum nicht fünfmal?

Ali ist eigentlich gesundheitlich nicht in der Lage, den Kampf zu bestreiten. Aber er will antreten, seine Entourage der Nation of Islam bestärkt ihn. Medikamente, die den Körper entwässern, bewirken eine kurzfristige Gewichtsabnahme. Ali wirkt schlank und fit, als er den Ring betritt, aber er ist bereits in der ersten Runde am Ende. Der Ringrichter merkt nichts, weil Ali ein verzweifeltes Kunststück gelingt, nämlich sich selbst zu parodieren. Weil einige seiner späten Kämpfe dieses Element enthielten, merkt niemand, was wirklich los ist, daß nämlich dort im Ring ein verteidigungsunfähiger Mann steht, der spielt, Muhammad Ali zu sein. Nur sein Gegner merkt es. Aber der glaubt es nicht. Schließlich merkt auch er, daß seine Vorsicht vor einem Muhammad Ali, der zwar müde, aber noch jederzeit fähig ist, alle zu verblüffen, vor allem den Gegner, unberechtigt ist. Damit hatte Ali alle ein letztes Mal verblüfft. Nur damit. Holmes sieht zum Ringrichter hinüber und bittet ihn mit Blicken, den Kampf abzubrechen. Der will es nicht einsehen. Und Holmes' Größe besteht darin, seine auf einmal erkannte Überlegenheit nicht so deutlich werden zu lassen, wie es möglich gewesen wäre. Der Kampf wird langsam, grotesk, immer wieder schlägt Holmes zu, einmal, zweimal, dreimal, wieder, wieder. Sieht der Ringrichter nichts? Nach der zehnten Runde hat man es in Muhammad Alis Ecke gemerkt. Man wirft das Handtuch. It's over. Ich weiß nicht, ob irgend jemand Larry Holmes eigentlich in der gebührenden Weise für sein nicht nur sportlich faires Benehmen, sondern auch für seinen Anstand gegenüber einem Mythos gedankt hat, den man nicht einfach zu Boden schlägt. Es sei an dieser Stelle geschehen.

Und heute? Ali leidet, wie er mit freundlich-abwesendem Lächeln erklärt, nicht an der Parkinsonschen Krankheit, sondern am «Parkinson syndrome». Seine Sprache ist verwaschen; seine Hände zittern; betreut wird er von seiner vierten Ehefrau, Lonnie. Das Geld, mehr als irgendein anderer Sportler jemals verdient hat, ist mehr oder weniger vertan, womit, weiß man nicht genau. Das Boxen ist nach Alis Ende, was es vorher gewesen war, eine langweilige Prügelei, in der, hier und da, Spannung entsteht. Aber seit Ali nicht mehr boxt, erkennt der Fan, der addict, daß er all die Jahre gar nicht beim Boxen zugesehen hat, sondern dabei, wie eine eigenartige Persönlichkeit, wie wir mangels eines besseren Ausdrucks einstweilen sagen wollen, sich eines Genres bediente, um sich der Welt zu exponieren. Es hätte ein anderes Genre sein können – für den Effekt, aber nicht für Ali, der hier sein Genre gefunden hatte und in ihm Leute, die sich zuvor fürs Boxen nicht interessiert hatten, zwang, Boxkämpfe anzuschauen.

Manila,
IV – VI

«Leb wohl!»
Proteus

Ein erneuter Hagel von Schlägen an Fraziers Kopf. Aber Frazier
läßt sich nicht an die Seile treiben. «Slower than a tank, faster
than the fastest turtle», wie Torres einmal geschrieben hat[31],
marschiert er vor und treibt Ali in die Ecke, taucht unter einem
zu zaghaft und zu langsam geschlagenen jab weg, trifft mit einer
Linken Alis Stirn, wird von einem linken Haken getroffen, aber
Ali kann nicht mehr zurückweichen, und Frazier steht, den Kopf
an Alis Brust gedrückt, und schlägt ihm an der Deckung vorbei
auf die linke Seite. Ali krümmt sich vor Schmerzen nach vorn;
Frazier, den Kopf jetzt in derselben Höhe wie Alis, holt weit aus.
Noch ein Treffer, der Ali wie einen Baum schwanken läßt, an
dem sich ein Holzfäller mit einer sehr schweren Axt zu schaffen
macht. Man hört die Rufe aus Alis Ecke: Er solle um Gottes
willen aus der Ecke herausgehen! Noch zwei Hiebe – Ali dreht
sich, immer noch so nahe an Frazier, daß es aussieht, als umarm-
ten die beiden einander, langsam aus der Ecke heraus, weiter,
daß auf einmal Frazier beinahe dort steht, wo Ali eben gestanden
hat. Mit beiden Händen schiebt Ali Frazier weg und geht selber
einen Schritt rückwärts. Frazier marschiert vor, und Ali empfängt ihn mit einer Rechten an den Kopf, einer Linken an den
Kopf, eine weitere Linke wird von Frazier abgewehrt, eine weitere Rechte und noch eine Linke nicht. «This is a war!» schreit
der Fernsehkommentator. Frazier schlägt einen gewaltigen Haken – daneben, er taumelt an Ali vorbei –, eine gefährliche Situation, und er versucht, sich in den Clinch zu retten. Der Ringrichter trennt. Ali weicht wieder an die Seile zurück, aber die Szene
von vorhin wiederholt sich nicht. Ist Frazier müde? Beide Kämpfer bewegen sich wieder zur Ringmitte. Ein paar Schläge von Ali

– auch er scheint müde zu sein. Dann wieder die Seile. Frazier kommt mit einem linken Haken an Alis Kinn durch, den Ali sofort mit einigen Treffern seinerseits beantwortet. Wieder Treffer Fraziers. Er trifft jetzt häufiger, Alis Deckung ist nicht in Ordnung. Mitten in den Gongschlag trifft Ali Frazier noch einmal.

In der Pause dirigiert Ali den Chor seiner Fans: «Ali! Ali!» Aber es wird eine schlechte Runde für Ali. Es gelingt ihm nicht, sich Frazier vom Leibe zu halten, er läßt sich in die Ecke zurücktreiben und bleibt dort fast die ganze Runde lang. Schlimmer: Mehrfach versucht er, sich nach vorne durchzukämpfen, und es gelingt ihm nicht. Frazier treibt ihn immer wieder zurück. Und man sieht, daß Fraziers Treffer ungleich schwerer sind als die Alis. Diese Runde ist die erste, die eindeutig an Frazier geht.

Es ist nicht wichtig, daß Frazier aufholt, das war für die mittleren Runden dieses Kampfes vorauszusehen. Beunruhigend ist, daß Ali so boxt, als habe er das nicht vorausgesehen. Als habe er diese Wendung des Kampfes vermeiden wollen und werde nun von Frazier in eine eher hilflose Defensive gezwungen. Daß Ali in der Runde ein-, zweimal Frazier herangewinkt hat, um ihn zu weiteren Attacken aufzufordern, kann keinen Zuschauer täuschen, und es kann vor allem nicht Joe Frazier täuschen. Und übrigens Ali auch nicht. Man muß besser lügen, um sich selbst zu täuschen. Boxen bestehe weitgehend aus Lügen, hat José Torres geschrieben: «A fighter lies a lot.» Was sei eine Finte anderes als eine Lüge. Aber Frazier sei ein Kämpfer, den man nicht belügen könne: «Er ist wie eine bestimmte Art Maschine, eine computerisierte Maschine, in die nur eine Wahrheitskarte eingespeist ist. Eine Maschine, die alle Lügen automatisch abweist. Diese Maschine kann man nicht belügen. Mit Finten kann man ihn nicht täuschen.»[32] Und Ali kann sich auch nicht belügen. Wenn ein Kind: «Hat ja gar nicht weh getan!» ruft, so muß es sich glauben – dann wird es nicht weinen, und es wird nicht so weh getan haben. Aber wenn es sich nicht glaubt, wird es bereits weinen, wenn es den Satz ruft, und es wird zusätzlich zu seinen Schmerzen noch blamiert und gedemütigt dastehen. Alis Gesten sind wie die eines Kindes, das sich nicht glaubt. Die Schmerzen werden dadurch nicht geringer, und Ali macht einen albernen Eindruck.

Zu Beginn der sechsten Runde trifft Frazier Ali mit einem furchtbaren linken Haken ans Kinn, der Ali in die Seile zurücktaumeln läßt. Einen Augenblick klammert Ali, dann geht er aus den Seilen. Er versucht, Frazier auf Distanz zu halten. Da trifft Frazier wieder mit einem vielleicht noch wuchtigeren Haken. Es war ein Schlag dieser Art, der Ali im Cooper-Kampf und im ersten Kampf gegen Frazier hatte zu Boden gehen lassen. Heute scheint er die beiden Haken Fraziers kommen gesehen zu haben und konnte sich innerlich auf sie vorbereiten (zu einem K. o. gehört nie nur die Schwere des Treffers, sondern auch die Situation, in der man getroffen wird, die Überraschung, der Schlag, der «aus heiterem Himmel» kommt). Aber wenn Ali diese Schwinger gesehen hat, warum konnte er ihnen nicht ausweichen? Die Ursache kann nur darin liegen, daß er körperlich nicht mehr in der Lage ist, so schnell zu reagieren. Innerlich kann er sich auf den Treffer vorbereiten, er wird stehenbleiben, aber er wird von ihm eben doch getroffen, und nichts mildert die Wucht des Schlages. Das bedeutet, daß Ali in diesem Kampf entsetzliche Prügel beziehen wird, und die Frage eines vorzeitigen Endes hängt einzig davon ab, ob es Frazier gelingen wird, mit seinen Schlägen Alis Wahrnehmung zu trüben, so daß der Überraschungstreffer gelingt, oder seinen Willen so zu ermüden, daß er irgendwann nicht mehr in der Lage ist, den Körper aufrecht zu halten, wenn der Schlag, den er kommen sieht und nicht abwehren kann, trifft.

Frazier wirkt, wie bisher immer (mit leichten Ausnahmen der vierten Runde), unternehmungslustig. Er scheint zu wissen, daß er eine schwere, zunehmend schwerere und auch für ihn schmerzhafte Arbeit tut, aber eine erfolgreiche. Das unterscheidet ihn von Muhammad Ali, der in dieser Runde wahrscheinlich sich mit Zweifeln herumschlägt, ob es ihm überhaupt gelingen wird, den Kampf über die volle Distanz durchzustehen. Frazier trifft Ali in dieser Runde noch mehrmals schwer. Einmal so, daß Ali seinen Mundschutz verliert. Eine Minute vor Schluß macht Ali ein paar scheinbar leichtfüßige Schritte, und der Kommentator vermerkt: «Ali's dancing for the first time!» Aber Frazier ist sofort mit einigen wuchtigen Haken zur Stelle. Das Ende der

Runde sieht einen Muhammad Ali, der sich Joe Fraziers nicht erwehren kann, und einen Joe Frazier, der, so Ferdie Pacheco im rückblickenden Kommentar, «was not only fighting with strength, he was fighting with joy».

Niederlagen

«So geht!»
Thoas

Man wächst nicht an Niederlagen. Man geht an Niederlagen zugrunde, und wo man nicht zugrunde geht, wird man deformiert;
oder «ändert sich» – es ist nicht einfach und vielleicht auch nicht
nötig, das besonders genau zu unterscheiden. Niederlagen machen auch nicht stärker. Schwäche (worin sie auch bestanden
hat) ist Ursache und Folge der Niederlage. Trotzdem kann einer
nach einer Niederlage stärker sein als vorher. Aber er ist dann
anders stark, als er es dort gewesen war, wo er sich als zu schwach
erwiesen hatte. Siege zeigen die Kontinuität einer Persönlichkeit, Niederlagen erzwingen Diskontinuität. Nicht, weil sich aus
Niederlagen etwas lernen ließe. Das ist nicht der Fall. Die Niederlage verändert zu viel, als daß sich noch die Kontinuitätsfik-
tion des «Lernens» aufrechterhalten ließe.

Albern auch derjenige, der «eine Niederlage zu tragen versteht». Niederlagen sind unerträglich. Angemessen allein Aias:
Der, nachdem seinem Rivalen Odysseus die Waffen Achills von
der Heeresversammlung zuerkannt werden, verfällt dem Wahn-
sinn und schlachtet eine Herde Schafe ab in der Meinung, es
handele sich um Griechen, und peitscht den Hammel tot in der
Meinung, es handele sich um Odysseus. Dann kommt er wieder
zu sich, erkennt seine Schande und bringt sich um. *Der* verstand,
mit einer Niederlage fertig zu werden, meinethalben: sie zu
«tragen».

Nur nicht, sie zu überleben. Wer mit einem Geschäft Bankrott
macht, wessen Fuß an der Latte hängenbleibt, wer auf der
Bühne ausgepfiffen wird, wer aus dem Ring geprügelt wird,
wem die Frau ausgespannt wird – die alle möchten brüllen vor

Schmerz. Sie halten es nicht aus. «Aushalten» ist Anästhesie und Verdummung. Denn der Schmerz ist die Kränkung, die immer nur zur Hälfte aufs Konto der anderen geht – die zweite Hälfte ist der Zweifel, ob man nicht zu Recht die Niederlage erleide. Man hat zum Schaden auch noch den Zweifel, der sich plötzlich nicht mehr in Schach halten läßt. Der Weg aus Niederlagen ist nicht, sie zu akzeptieren und die «Zähne zusammenzubeißen», sondern die Unabwendbarkeit ihrer Folgen sich gefallen zu lassen und das Leben mit den eingetretenen psychischen Verschiebungen einzurichten. «Was nicht tötet, härtet ab» – das ist Unsinn, nicht aber ist Unsinn, einzusehen, daß das, was nicht tötet, das Leben zu ändern imstande ist.

Nachdem er gegen Leon Spinks zum dritten Mal den Weltmeisterschaftstitel errungen hatte (jenen Leon Spinks, gegen den er ihn kurz zuvor verloren hatte), retirierte Muhammad Ali, und das war das Beste, was er hatte tun können. Zwei Jahre lang boxte er nicht mehr, reiste in der Welt herum, traf Politiker, warb für Wohltätigkeitsorganisationen und übernahm schließlich im Auftrag des damaligen Präsidenten Jimmy Carter den Job, in Afrika für den Olympia-Boykott (wegen der Invasion der UdSSR in Afghanistan) zu werben. Die afrikanischen Länder, die er besuchte, machten keinen Hehl daraus, daß sie Carters Idee, nach Afrika einen schwarzen Sportler in diplomatischer Mission zu entsenden, für eine ziemliche Frechheit hielten. «Time» bezeichnete die Reise des politisch gänzlich unwissenden Muhammad Ali als «die bizarrste diplomatische Mission in der jüngsten amerikanischen Geschichte».[33]

Inzwischen war der ehemalige Sparringspartner Alis, Larry Holmes, Weltmeister geworden. Mag sein, daß das für Ali ein zusätzliches Motiv – neben Geld, Publicity und eben dem Wunsch, noch einmal im Ring zu stehen – gewesen ist. Holmes kannte Ali, verehrte ihn – und sagte, seiner Meinung nach solle Ali nicht mehr boxen. Der Meinung schloß sich Alis langjähriger Ringarzt Ferdie Pacheco an. Alis Gesundheitszustand wurde öffentlich debattiert, man verglich Fernsehauftritte und Interviews, und es war unverkennbar, daß Ali langsamer, verwaschener sprach als noch vor ein paar Jahren. Auch waren seine Reflexe schlechter geworden. Der US-Staat Nevada, der den Kampf Holmes–Ali lizenzierte, verlangte eine medizinische Untersuchung, und Ali verbrachte für einen Check-up zwei Tage in der Mayo-Klinik. Dort wurde Ali gründlich untersucht und nichts Besonderes festgestellt. Außer folgenden Symptomen: schleppende Sprache, zeitweiliges Händezittern, Schwierigkeiten, mit geschlossenen Augen die eigene Nasenspitze zu berühren, ein zuweilen schwerfälliger Gang. Aber all das in geringem Maße, oft nur bei Ermüdung auftretend oder sich verschlimmernd. Die Ärzte zogen daraus sowie aus einem festgestellten kleinen Loch in der Membrane zwischen den Ventrikeln, nicht den Schluß, daß Ali keinesfalls mehr hätte kämpfen dürfen, sondern sie reklamierten «no specific finding that would prohibit him from further prize fights».[34] Der Kampf konnte stattfinden.

Ali schien in erstaunlich guter Form zu sein. Er war schlank wie seit seinem Kampf gegen George Foreman sechs Jahre vorher nicht mehr. Das lag allerdings an Medikamenten, die man ihm verabreicht hatte und die den Körper stark entwässerten. Überhaupt hatte man ärztlicherseits ziemlich an ihm herumgepfuscht.[35] Ali war schon vor dem Kampf «an empty shell» gewesen, wie ihn ein Beobachter nannte. Bereits in der ersten Runde des Kampfes war er sterbensmüde, seine Reflexe retardiert, er konnte Treffern nicht ausweichen, selbst kaum treffen, wenn, nicht hart. Die Medikamente hatten die Wärmeregulierung seines Körpers beeinträchtigt, zudem war der Körper zu stark entwässert, um die notwendige Menge Schweiß zu produzieren. Alis Körpertemperatur stieg während des Kampfes kontinuierlich an. Pacheco, der ihn schon vor den Vorbereitungen zu diesem Kampf verlassen hatte, weil er als Arzt keine Verantwortung für Alis Gesundheit mehr übernehmen wollte, sagte über den Kampf lakonisch: «Ali hat Glück gehabt, daß er den Kampf gegen Holmes überlebt hat.» Nach Pachecos Analyse hätte Ali während des Kampfes jederzeit tot umfallen können. Aber er fiel nicht um. «Nach dem Kampf ging ich zu Ali auf sein Zimmer im Hotel und sagte zu ihm, ‹du bist immer noch der Größte; I love you›», berichtet Larry Holmes. «Ich meinte, was ich sagte; und mir war gräßlich zumute. Ich fühlte mich schon erbärmlich, bevor ich zu seinem Zimmer ging, und als ich da war, fühlte ich mich noch schlechter. Obwohl ich gewonnen hatte, war ich niedergeschlagen. (...) Die Leute sollen wissen, daß ich stolz darauf bin, mein Handwerk bei Ali gelernt zu haben. Auf mein Sparring mit dem jungen Ali bin ich stolzer als auf meinen Sieg über den alten.»[36]

Man kann eine Menge Leute dafür verantwortlich machen, daß dieser Kampf überhaupt zustande kam. Wen dafür, daß er nicht rechtzeitig abgebrochen wurde? Larry Holmes hat dem Ringrichter mehrfach seine Ratlosigkeit signalisiert, auch mit seiner Ringecke besprochen, was er denn bloß tun solle, denn verletzen wollte er Ali nicht. Man riet ihm, das Verfahren abzukürzen und Ali auszuknocken. Es gereicht Larry Holmes zur Ehre, daß er das nicht versucht hat. Alis Manager auf seiten der Black Muslims, Herbert Muhammad, schaute zu Boden und betete (er sagte, daß er das meistens so gehalten hätte). Der Ringrichter tat nichts. Alis Trainer, Angelo Dundee, schritt erst nach der zehnten Runde ein: «It's over!» Dundee ist vielleicht der erfahrenste Trainer des Boxgeschäfts, und er hat Ali betreut, noch ehe er Weltmeister wurde. Wenn einer (neben Holmes und Ali) etwas hätte merken müssen, so Dundee. Man kann darum auch dem Ringrichter kaum vorwerfen, daß er nicht sah, was Dundee nicht sah. Aber Dundee war niemand, der seine Schützlinge verheizte. Vielleicht jemand, der zu permissiv war, wenn sie denn wirklich zu wollen schienen. Nein, die kuriose Schuld an diesem Debakel ist Muhammad Ali zu geben. Er kämpfte zwar zehn Runden lang wie ausgestopft, aber doch so, daß selbst Angelo Dundee (schweigen wir ganz vom Ringrichter und von den Zuschauern) meinen konnte, vielleicht würde in den letzten Runden doch noch der «alte Ali» zum Vorschein kommen. Zehn Runden lang hat Ali – schließlich hatte er in den letzten Jahren eine Reihe schlechter Kämpfe geliefert, die er nur mit knapper Not gewinnen konnte – alle belogen außer sich selbst und seinen Gegner. Mit einer dieser Lügen war er zum dritten Male Weltmeister geworden.

Leon Spinks war ein junger unerfahrener Boxer, der zwar eine Goldmedaille gewonnen, aber als Profi erst sieben Kämpfe hinter sich gebracht hatte. Das Angebot zu einem Kampf mit Ali kam von Spinks' Betreuern, und Ali lehnte zunächst ab, weil er Sorge hatte, sich zu blamieren, wenn er gegen Spinks überhaupt anträte. Dann begann ihn eine Publicity-Idee zu reizen und mit ihr, sich auch an das Thema «Rücktritt» gewissermaßen heranzutasten: «Ich schlug Floyd Patterson, der eine Goldmedaille gewonnen hatte. Ich schlug Joe Frazier, der eine Goldmedaille gewonnen hatte. Ich schlug George Foreman, der eine Goldmedaille gewonnen hatte. Bevor ich zurücktrete, schlag ich sie noch alle, um zu beweisen, daß ich der Größe aller Zeiten bin.»[37]

Ali hatte für den Kampf wenig trainiert, wog mehr als bei jedem anderen bisherigen Kampf und begegnete einem zwar boxerisch unbedeutenden, aber gut trainierten, jungen, starken, gänzlich respektlosen Herausforderer, der von der ersten bis zur letzten Runde ohne ein Zeichen von Ermüdung auf Ali einschlug. Es mochte Alis Strategie gewesen sein, einigermaßen unbeschädigt über die erste Hälfte des Kampfes zu kommen, um dann, wenn, wie er hoffte, Leon Spinks ermüdet sein würde, in den letzten Runden seine Erfahrung gegen ihn ausspielen zu können. So tat er in den ersten Runden wenig, schien aber verblüfft zu sein, daß Spinks' Schläge *ihm* eine Menge taten. Ali vergab Runde um Runde, und irgendwann muß ihm klargeworden sein, daß möglicherweise am Ende Spinks ihn dort haben würde, wohin er ihn haben wollte, in der 15. Runde vielleicht, ausgepowert und in einem plötzlichen Schlaghagel zu Boden gehend. Und wenn das nicht passierte, dann würde Spinks nach Punkten gewinnen. Also versuchte Ali, das Punktekonto auszugleichen. Er besann sich auf das, was weltweit als «Alis Stil» bezeichnet wurde, «tanzte» um Spinks herum und schlug linke Gerade. Der Kommentator des Kampfes sagte auch sofort gehorsam: «The old Ali is back» (er meinte den jungen), aber auf Spinks machte das keinen Eindruck, und Ali mußte merken, daß er nicht die Kraft haben würde, sich die nächsten fünf Runden auf diese Weise zu bewegen. Außerdem war das Um-den-Gegner-herum-Tanzen ja ursprünglich kein Selbstzweck gewesen, sondern nur die Einleitung zu einem überfallartigen Angriff oder die Ausgangsposition für einen schnellen Konter. Dasselbe versuchte Ali noch in späteren Runden, vor allem in der vierzehnten, aber es sah nicht einmal mehr «gut aus». Immer wieder ging Spinks unbekümmert auf Ali los, trieb ihn in die Seile, in die Ali sich nicht lehnte wie in früheren Kämpfen, sondern in die er rückwärts beinahe hineinstolperte oder -fiel, und deckte ihn mit Schlägen ein, die mehr als einmal Wirkung zeigten. Ali gelang es in kaum einem Augenblick, den Kampf an sich zu ziehen, Spinks zu dominieren, geschweige denn in Schwierigkeiten zu bringen. «Es ist absolut herzzerreißend», sagte der Kommentator, «mitanzusehen, wie dieser herrliche Mann eine solche Demütigung von den Händen eines Neulings empfängt.»

In der fünfzehnten Runde versuchte Ali Spinks k. o. zu schlagen. Es muß eine furchtbare Anstrengung gewesen sein, vergleichbar den letzten Runden im Kampf gegen Joe Frazier in Manila. Er traf Spinks ein paarmal – es ist nicht leicht zu sagen, wie schwer. Spinks schien das erste Mal in diesem Kampf wirklich beeindruckt, stand an den Seilen, in der Ecke, wurde wieder und wieder getroffen. Dann raffte er sich zusammen und schlug zurück, traf Ali, der Mühe hatte, nicht in die Knie zu gehen. Dann schlug Spinks weiter auf Ali ein. Dann versuchte wieder Ali, das Blatt zu wenden. Es war, das läßt sich nicht leugnen, eine furiose Runde. Es gab Bruchteile von Sekunden, in denen man für möglich hielt, daß Ali den Kampf noch würde für sich entscheiden können, und es gab solche, in denen man für möglich hielt, Spinks würde Ali niederschlagen. Nichts davon geschah, und so war es Ali nicht gelungen, den Punkterückstand auszugleichen.

Als nach dem Gong, der die letzte Runde beendete, die Punktewertung vorgelesen wurde und einer der Schiedsrichter Ali einen Punktevorsprung gab, buhte das Publikum. Die anderen beiden Richter hatten Spinks höher bewertet, und «zum ersten und einzigen Mal in seinem Leben hatte Ali seinen Titel im Ring verloren. Er war entthront und verdroschen worden.» – Nach dem Kampf gab Ali zu: «Ich habe Mist gemacht; ich war miserabel.» Aber: «Ich will Spinks den Sieg nicht wegreden. Er hat einen guten Kampf geliefert und nie nachgelassen. Er hat uns alle dumm aussehen lassen, auch mich. Wir verlieren alle mal im Leben. Man verliert seine Frau, man verliert seine Mutter. Wir haben Verluste, und was man tun muß, ist weiterleben, die Verluste überwinden und wieder aufstehn. Man kann sich nicht hinlegen und sterben, weil man verloren hat.»[38]

Ali wollte den Rückkampf.[39] «Leon Spinks hat sich meinen Titel ausgeliehen, weiter nichts. Dies ist mir ganz recht. Ich habe draus gelernt, daß man erst verlieren muß, um groß zu werden. Stellt euch vor, was das heißt, der erste Mensch in der Geschichte zu sein, der dreimal Schwergewichts-Champion geworden ist! Das ist etwas, das bleibt mir für den Rest meines Lebens. Jeden Morgen, wenn ich aufwache, ob bei Sonnenschein, Schnee oder Regen, bin ich so lange ich lebe der dreimalige Weltmeister im Schwergewicht. Dafür lohnt es sich, ein paar Schmerzen und Verletzungen in Kauf zu nehmen.»[40] Ali trainierte härter für diesen Rückkampf als für jeden anderen Kampf seiner Laufbahn, er lief jeden Morgen vor dem Frühstück drei bis fünf Meilen, verbrachte 200 Runden mit Sparringspartnern. Es muß eine Art masochistisches Exerzitium gewesen sein, eine Bestrafung für die früheren Versäumnisse. «Mein Leben lang hab ich gewußt, daß der Tag mal kommen würde, wo ich mich umbringen muß. Immer hat es mich davor gegraut, und jetzt ist er da. Solche Qualen, wie ich sie mir jetzt selbst zufüge, hab ich noch nie durchgemacht. Ich habe auch früher schon vor Kämpfen so hart gearbeitet, aber noch nie so lange. Die ganze Zeit habe ich Schmerzen, alles tut mir weh. Ich finde es gräßlich, aber ich weiß, es ist mein letzter Kampf, und es ist das letzte Mal, daß ich so was machen muß. Ich will nicht verlieren und mir dann für den Rest meines Lebens immer wieder sagen müssen, ‹verdammt, hättest du doch bloß damals härter trainiert!›.»[41]

Außerdem war ihm das Schicksal günstig. Der junge Spinks sah nicht ein, warum er das Leben als Champion nicht genießen sollte, er büxte aus seinem Trainingscamp aus, ließ es sich gefallen, daß es viele Frauen gibt, die meinen, daß ein junger muskulöser, aber sonst eher ein wenig gruselig aussehender Mann (Spinks fehlten die beiden mittleren oberen Schneidezähne, und er sah aus wie ein Vampir) unglaublich attraktiv wird, wenn er sich Weltmeister nennen kann und Geld in der

Tasche hat, tanzte in Diskotheken herum, trank und wurde mit Kokain erwischt.

Ali war in bester Form, schlank, beweglich, und Spinks wirkte unsicher, hatte den Enthusiasmus des Underdogs, der nichts zu verlieren und alles zu gewinnen hat, verloren. «Für das zweite Mal gegen Spinks war mein Plan einfach. Linke Gerade, linke Gerade und die Rechte hinterherfeuern. Wenn er nah kommt, in den Clinch gehen. Kein Rope-a-dope; immer in der Ringmitte bleiben. Und jede Menge Schläge am Ende der Runden. Die Runde richtig abzuschließen macht den Punktrichtern Eindruck, und ich wollte Spinks immer etwas zur Erinnerung in die Pausen mitgeben.»[42] Um das durchzuhalten, brauchte Ali nichts weiter als Kondition. Um Ali darin zu stören, hätte Spinks nur konsequent zu tun brauchen, was er im ersten Kampf getan hatte und was das klassische Gegenmittel gegen solche Kampfstrategie ist: nach vorne gehen, den Ring abschneiden, in die Nahdistanz kommen – ohne sich im Clinch blockieren zu lassen. Dazu hätte Spinks nicht einmal ein Frazier sein müssen, nur ein wenig besser, als er eben war. Daß er im ersten Kampf besser gewesen war, lag vor allem daran, daß Ali so viel schlechter gewesen war, daß Ali ihn gar nicht vor irgendwelche taktische, geschweige denn strategische Aufgaben gestellt hatte. Er hatte Spinks tun lassen, was der wollte, und als es an der Zeit gewesen wäre, ihm den eigenen Stil aufzuzwingen, fehlten bei Ali die Kraft und die Überzeugung, das noch tun zu können. Spinks hatte keinen Respekt vor Ali gezeigt, weil Ali ihm keinen Grund zum Respekt gegeben hatte. Jetzt stand Spinks einem Mann gegenüber, der vorgab, der «alte Ali» zu sein, und von dem der Kommentator bewundernd sagte: «Dieses Mal ist er ein ernsthafter Fighter: kein Herumtändeln, kein Rope-a-dope, kein Lächeln, kein Gerede – er macht einfach seinen Job», ganz vergessend, daß Ali mit dem «nichternsthaften» rope-a-dope den Kampf in Kinshasa gegen George Foreman und damit den Titel das erste Mal zurückgewonnen hatte, daß natürlich alles andere, das Herumtändeln, Lächeln, Reden, auch zum Stil des «alten Ali» gehört hatte, nur daß er eben mit diesem Stil im vorigen Kampf gescheitert war. Aber Muhammad Ali führte das Klischee

«Muhammad Ali» auf und vor, und zwar ohne die Ornamente, mit denen er den Kommentatoren und Sportreportern immer auf die Nerven gefallen war. Spinks sah sich vielleicht das erste Mal einer Kampfstrategie gegenüber ... oder ebendem, was er dafür halten mußte – und wußte nicht, was er machen sollte. Ali spielte nichts weiter als seine Routine gegen ihn aus, und die konnte er durchhalten, weil er in Form war. «Jetzt kämpft er gegen den echten Muhammad Ali!» sagt der Kommentator über Spinks, und da Spinks das auch glaubt, gewinnt Ali den Kampf. Daß er selbst das nicht glaubt, gibt dem Kampf eine eigenartige Atmosphäre, bestehend aus Heroismus und Ironie. Eine seltene Mischung.

Der Kampf ist, was manche «postmodern» nennen würden. Eine Simulation, aber eine wirksame, weshalb die Zuschreibung «Simulation» selber fragwürdig wird. Spinks sagte, einige Zeit später auf den Kampf zurückblickend: «Bei unserem zweiten Kampf war er nicht besser.» Das ist richtig, was zum Beispiel die Schlagkraft Alis angeht. Warum aber sah Spinks so viel schlechter aus? «Er klammerte viel», fügte Spinks hinzu (auch das wie beim ersten Kampf), «und mir ging so viel im Kopf herum.»[43] Und daran lag's. Ali hatte nur eines im Sinn: Spinks schlechter aussehen zu lassen als beim ersten Mal. Dann würden alle meinen, er habe einen großen Kampf geliefert. Und (zurück zur Frage der Simulation) in gewissem Sinne hat er das ja auch. Wie kann man scheinbare von wahrer Überlegenheit unterscheiden? Man kann nicht immer und sollte oft nicht, die Frage nach dem Eigentlichen und dem, «was dahinter sich verbirgt», taugt ohnehin nicht in jedem Stück der Welt, um etwas zu erkennen. Nein, der Grund, warum der Kampf gegen Spinks schlecht war, war, daß Ali sich selber parodiert hatte, um zu gewinnen. Nun könnte jemand sagen, den Gegner mit einer Selbstparodie zu besiegen sei genial. Aber es hat eben auch etwas von einem alten Jahrmarktsboxer. Die Bewußtheit, mit der Ali die Selbstparodie inszenierte, wollen wir bewundern. Nicht die Parodie als solche. Die nämlich lebt jeder Mensch, der zu einem gewissen «Stil» gefunden hat, ab einem bestimmten Alter. Blochs «Experimentum mundi» ist – mit einer kleinen, aber bedeutenden Ausnahme[44] – nur die Parodie (n. b. nicht die Variation) früherer Werke. Für viele andere «Alterswerke» gilt das nämliche. Und wenn es für sie gilt, sind sie eben nicht gut, auch wenn sie Neulinge zu beeindrucken vermögen. Der Kommentator sah den jungen Cassius Clay aus dem Kampf gegen Liston auferstehen, das Publikum raste vor Begeisterung in den letzten beiden Runden und besonders, als schließlich verkündet wurde, daß Muhammad «durch einstimmige Entscheidung» zum dritten Male Weltmeister geworden war. Während das Urteil der Punktrichter verkündet wurde, saß Ali auf seinem Stuhl in der Ringecke – während des ganzen Kampfes hatte er sich in keiner Pause hingesetzt –, das Gesicht wie traurig leicht gesenkt. Das Urteil wird verlesen, jemand nimmt seinen Arm und hebt ihn hoch, man zieht ihn vom Stuhl nach oben, er wird mehr gehalten, als daß er stünde, dann macht er seinen rechten Arm frei, sieht schnell herum, wo die Kamera läuft, blickt dem Zuschauer direkt ins Auge und grüßt seine Fans mit einer ganz langsamen Kußhand. Nach dem Kampf trat Ali zurück.

Was hier, 1978, funktioniert hatte, was im Fall Holmes–Ali zwei Jahre später nicht mehr funktionieren konnte, hatte 1976 bereits kaum noch geklappt. Damals, in New York, fand der dritte Kampf Muhammad Alis gegen Ken Norton statt. – Der erste Kampf gegen Norton, im März 1973, hatte ein Aufbaukampf sein sollen für die zweite Herausforderung Joe Fraziers, gegen den Ali 1971 verloren hatte. Norton war ein recht unbekannter Boxer, und wie im Falle Leon Spinks' gab es eine Überraschung. Ali verlor den Kampf nach Punkten und auch nach Meinung des Publikums eindeutig, das, wie später bei Spinks, den Punktrichter, der Ali im Vorteil sah, ausbuhte. Der erste Kampf gegen Norton ähnelt dem zweiten gegen Spinks, auch hier finden wir einen «klassischen» Muhammad Ali, leichtfüßig, beweglich, seine jabs aus der Bewegung heraus auf den Gegner abfeuernd. Die ersten beiden Runden hatten einen harten Schlagabtausch gesehen, in der dritten Runde sagt der Kommentator, hier endlich sehe man einen Muhammad Ali, den man in den ersten beiden Runden vermißt habe: «Das ist der große Fighter, der mit seiner Beweglichkeit die Schlagkraft eines anderen neutralisieren kann.» In der zweiten Runde hatte nämlich Ken Norton Ali das Kinn gebrochen. Pacheco erinnert sich: «Der Unterkiefer wurde in der zweiten Runde gebrochen. (...) Er konnte mit der Zunge den Knochen bewegen, und ich spürte nach der zweiten Runde die Bruchstelle mit den Fingerspitzen. Da bekam das Gewinnenwollen den Vorrang vor der ärztlichen Behandlung. Es ist scheußlich. Wir alle – und ich muß mich mit einschließen – waren besessen von der Idee, diesen Kampf gewinnen zu müssen. (...) Norton war einer, den Ali angeblich mit verbundenen Augen schlagen müßte, und Ali konnte sich an diesem Punkt in seiner Karriere eine Niederlage nicht leisten (...), als wir Ali sagten, sein Kiefer sei wohl gebrochen, sagte er, ‹ich will keinen Abbruch›. Er ist unglaublich zäh, der verdammte Hurensohn! Der Schmerz muß gräßlich gewesen sein. (...) Mein Gott, war der Bursche hart! Manchmal haben die Leute das nicht kapiert, wegen seiner netten, großzügigen Art; aber unter dieser gefälligen Oberfläche tat einer seine Arbeit – sturer als der härteste Trucker auf seinem 30-Tonner.»[45]

Die Tatsache war, daß Ali sich durch die Art, wie er kämpfte, vor Nortons Schlägen in Sicherheit zu bringen suchte. Nun, dazu ist Beweglichkeit da, aber doch nicht nur dazu. Das «float like a butterfly» ist nichts ohne das «sting like a bee» und auch das nichts ohne eine harte Kombination, die auf den sting folgt. Ali verteidigte sich zwölf Runden lang, und es gelang ihm kaum, aus dieser Verteidigung einen einzigen guten Angriff zu starten. Er schützte seinen gebrochenen Kiefer. Ali sah nicht schlecht aus, nur summierten sich im Laufe der Runden Nortons Angriffe zu einem überlegenen Punktestand, den Ali nicht mehr ausgleichen konnte. In der Pause zur letzten, zwölften, Runde sah Ali aus, als würde er in Ohnmacht fallen. Seine Sekundanten massierten Beine und Arme, den Kiefer konnte er nicht mehr bewegen, nur mit Mühe konnte der Mundschutz gewechselt werden. Die letzte Runde stand er kaum noch durch, obwohl er in ihr zunächst das Unmögliche versuchte, den Kampf in den letzten Minuten zu seinen Gunsten zu wenden.

Keine sechs Monate später standen Ali und Norton wieder im Ring. Ali wollte die Niederlage ausgleichen, bevor er irgendeinen weiteren Kampf auf sich nahm. In der Tat war – wir haben oben den Beginn aus Alis Autobiographie gehört – die Niederlage gegen Norton der Tiefpunkt seiner Laufbahn. Die Niederlage gegen Frazier zwei Jahre vorher war eine Niederlage in einem Weltmeisterschaftskampf gewesen, in einem Kampf, der zum «Kampf des Jahrhunderts» hochstilisiert worden war, und in so einem zu unterliegen mag schmerzhaft sein, ist aber immer noch etwas, was man vorweisen kann. Aber wer war Norton? Es hätte Ali einfach keine Mühe machen *dürfen*, ihn überzeugend zu schlagen. Da er verloren hatte, hätte es ihm – das Pech mit dem gebrochenen Kiefer in Rechnung gestellt – im zweiten Kampf keine Mühe machen dürfen, Norton zu schlagen. Er schlug Norton, aber es *machte* ihm Mühe. – Obwohl es zunächst nicht so aussah. Ali kämpft zur gänzlichen Zufriedenheit der meisten, die den Kampf betrachten: «He's teaching Norton a boxing-lesson! He outjabbes Norton!» und: «What a difference five and a half months make!» Ali gab eine beinahe perfekte Vorstellung für alle, die einen «richtigen Muhammad-Ali-Kampf» sehen wollten, auf den Zehen, im Uhrzeigersinn um den Gegner, linke jabs, ab und zu rechte Gerade. Norton sah fünf Runden lang wie ein Anfänger aus. In der sechsten Runde beginnt Norton aufzuholen, Ali wird langsamer. In der siebten gibt es eine furchtbare Offensive Nortons, die Ali von einer Ringecke in die andere treibt. Für Augenblicke scheint Ali hilflos. Die achte ist wie die siebte. Dann begibt sich Ali in einen Schlagabtausch mit Norton. Flachfüßig steht er in der Ringmitte und beantwortet jeden Schlag mit einem Konter. Norton wird vorsichtiger. Hier deutet sich an, was den Kampf gegen Frazier in Manila auszeichnen wird. Die elfte Runde beginnt Ali mit Kombinationen an Nortons Kopf, aber Norton schlägt zurück, Ali zieht sich zurück an die Seile, in die Ecke, und Norton schlägt unermüdlich. Aber er scheint müde zu sein. Hier zeigen sich Züge des Kampfes gegen George Foreman in Kinshasa. Die letzte Runde ist eine ziemlich wilde Prügelei. Die Punktrichter entscheiden 2:1 für Ali.

Vier Monate später, im Januar 1974, besiegt Ali Frazier nach Punkten; im Oktober 1974 George Foreman durch K. o. Elf Monate danach gibt es den dritten Kampf Ali–Frazier in Manila. Ein Jahr später steht Ali ein drittes Mal mit Ken Norton im Ring. Der Kampf war im Grunde langweilig, ohne wirkliche Höhepunkte. Weder Ali noch Norton gelang es, zu dominieren. Norton schlug härter, und das machte ihn wütend, weil es nichts nützte. In der letzten Runde stand Ali wieder auf den Zehen, umtanzte Norton, schlug seine jabs. Zweimal, doch nur für wenige Sekunden, konnte Norton dagegen offensiv werden. Für den Zuschauer wirkte diese letzte Runde beinahe abgeschmackt. Sie war nur Show, die den Zuschauern und Punktrichtern etwas bieten sollte, was sie den ganzen Abend (mit einer kleinen Ausnahme in Runde neun) entbehrt hatten, den «alten Ali». Aber wer sich bemüht, den vorzuführen, der er einmal war, ist es, allen sichtbar, nicht mehr. Man fühlte sich unwohl. Dennoch gewann Ali durch diese letzte Runde den Kampf, Norton brach in Tränen aus. «The judges always like dancing», war Alis Kommentar nach dem Kampf.

Nehmen wir das Simulationsproblem einmal von der anderen Seite. Sagen wir nicht, Ali habe verloren, gewonnen, weil resp. obwohl er etwas vorgespielt habe, was nicht (nicht mehr) vorhanden gewesen war, sondern versuchen wir den Gedanken, daß Ali im Falle Norton, Spinks und Holmes sich nicht anders hatte zu helfen wissen, als ein Bild seiner selbst vorzuführen, das von ihnen (und allen Zuschauern) gewünscht, verabscheut, gefürchtet, eben erwartet wurde. Wir berühren damit das Zentrum des psychischen Heroismus – und seine bewußte Ironisierung im zweiten Kampf gegen Leon Spinks. Der Held bleibt auch im stärksten Sturm er selbst, der Ironiker erkennt sich nicht wieder. In den Kämpfen gegen Norton – in den ersten unbewußt, im letzten in der letzten Runde bewußt –, im zweiten Kampf gegen Spinks über die ganze Distanz erleben wir Momente höchster Selbstentfremdung oder, wenn man so will, Selbstfindung. Das wirkliche *Problem* bei diesen Kämpfen war nämlich, daß Ali sich seiner Persönlichkeit, d. h. dem Bild im Auge der andern, verpflichtet fühlte. Der Held kann zu niemandem Zuflucht nehmen denn zu sich selbst, und wenn er da zu wenig, gar nichts findet, wenn «der Vorrat nicht reicht», ist er blamiert. Die Sportkommentatoren hoben hervor, daß Muhammad Ali sich selbst treu geblieben sei. Die Besonderheit des Stils von Muhammad Ali bestand aber darin, daß es drei ganz verschiedene Stile gegeben hatte, zwischen denen man keine Kontinuitäten im Sinne der klassischen «Entwicklung» der Persönlichkeit erkennen kann. Der Kampf gegen Liston, der das Image des «klassischen Ali» abgab, war der erste; der gegen Foreman der zweite; der gegen Frazier in Manila der dritte. Für den Stilwechsel von 1 zu 2 ist die Niederlage gegen Joe Frazier im ersten Kampf von 1971 und der Punktsieg von 1974 verantwortlich.

Man lernt nichts aus Niederlagen, aber es ergeben sich, wie gesagt, zuweilen psychische Verschiebungen. Beide Kämpfe gegen Frazier sind gut, ja erstklassige Boxkämpfe, aber sie sind – gemessen an anderen Ali-Kämpfen – konventionell. Und sie folgen demselben Schema. Ali greift den Kopf Fraziers an, Frazier kämpft sich durch die Schläge zu Ali durch und trifft den Körper, bricht manchmal mit linken oder rechten Haken nach oben durch. Der Kampf ist schnell, wird zum Ende hin langsamer (wie nicht verwunderlich). In beiden Kämpfen gibt es Passagen, in denen Ali schnellfüßig ist und seinen Gegner mit Schlägen eindeckt, ohne daß der sonderlich viel dagegen tun kann, und solche, in denen Ali an den Seilen lehnt und von Frazier verprügelt wird, ohne sonderlich viel dagegen zu tun. Am Ende des ersten Kampfes ist Frazier der klar überlegene Mann, und dies wird augenfällig durch den linken Haken, mit dem er Ali in der fünfzehnten Runde niederstreckt. Das war bei weitem nicht der erste Schlag, der einen andern Mann ausgeknockt hätte, ein Schlag, der einmal mehr bewies, daß Ali zum Schaden seiner Gesundheit mehr einstecken konnte als die meisten. Im zweiten Kampf gegen Frazier teilt Ali seine Kräfte besser ein und ist am Ende der zwölften Runde derjenige, der mehr auf dem Punktezettel hat. Aber sonst ähneln sich die Kämpfe. Sie ähneln sich vor allem darin, daß Frazier in beiden Kämpfen der letztlich Dominierende ist, auch wenn er den zweiten verliert. Der Rhythmus des Kampfes wird von Fraziers unbeirrtem Vorwärtsmarschieren bestimmt und von Alis mal erfolgreichen, mal erfolglosen Versuchen, ihn sich vom Leibe zu halten. Im zweiten Kampf hatte er dabei so viele Treffer erzielt, daß er den gewinnen konnte. In beiden aber gelang es Ali nicht, den Kampf zu *seinem* Kampf zu machen. Den Ausweg der Selbstparodie gab es gegen Frazier nicht, jeden Versuch dazu brach Ali nach wenigen Sekunden ab – es wurde zu gefährlich.

So mußte Muhammad Ali in Manila, wollte er denn eine Wiederholung vermeiden, die auch im Falle eines Sieges schal gewesen wäre, sich etwas anderes einfallen lassen. Bis zum Ende der sechsten Runde war ihm noch nichts eingefallen.

Manila,
VII – IX

«Ohne Pfad, ohne Steg.»
Iphigenie

In der siebten Runde sehen wir einen Ali, der kurz versucht, «ganz der alte» zu sein. Er steht auf den Zehenspitzen, tanzt zur Seite, schlägt zwei Linke, eine Rechte, dann hat Frazier ihn an den Seilen. Ali geht zur Seite, macht sich frei, schlägt wieder, und dann erwischt ihn Frazier mit einem rechten Haken an den Kopf. Ali versucht es noch ein paarmal, aber Frazier macht es nichts aus, Ali zu «jagen», da die Jagd stets erfolgreich an den Seilen oder in der Ecke endet und Frazier mit der eigentlichen Arbeit fortfährt, auf Alis Arme einzuschlagen, wie ihn sein Trainer angewiesen hat, links und rechts an den Armen vorbei die Nieren zu treffen, zuweilen zu versuchen, durch die Deckung durchzukommen, in den Bauch, an den Kopf. Auf den Kommentator macht das allerdings einen guten Eindruck. «Ali's having a good round.» Weil das, was Ali tut, der Ali-Stil ist, nimmt der Kommentator ihn als denjenigen wahr, der den Kampf bestimmt. Dabei versucht er, sich vor Frazier in Sicherheit zu bringen. Der Kampf ist fast zur Hälfte vorbei.

Achte Runde. Frazier wirkt etwas unbeholfener, weniger kampflustig als in den letzten beiden Runden. Irgendwas hat ihm doch zugesetzt, das Tempo der letzten Runde, die Schläge, oder es beginnt sich nun auch für ihn das Klima in Manila bemerkbar zu machen, die Hitze, die fast 100 Prozent Luftfeuchtigkeit. Frazier schlägt zwei Haken, dann geht er in den Clinch, es sieht aus, als würde er Ali nach langer Abwesenheit begrüßen. Ali schiebt ihn zurück, aber nutzt Fraziers Schwäche nicht, geht seinerseits zurück bis fast an die Seile. Dort beginnt er hart und präzise zu schlagen. Und trifft. Und Frazier weicht zurück. Ali geht einen Schritt vor. Trifft wieder und wieder. Fraziers Gesicht zeigt deutliche Spuren nicht nur der Treffer der vergangenen Runden, sondern auch plötzliche Unsicherheit. Er hatte gemeint, den Kampf in der Tasche zu haben, und die letzten Sekunden haben ihm gezeigt, daß das keineswegs der Fall ist. Frazier schlägt einen langen Haken in die Luft und wird wieder getroffen. Jetzt stehen beide Boxer in der Ringmitte, Ali schlägt und trifft.

Plötzlich aber weicht er widerstandslos an die Seile zurück. Frazier folgt und beginnt seine Arbeit. Ein rechter Haken trifft. Jetzt lehnt sich Ali mit einem Arm, als suche er eine Stütze, auf die Seile, öffnet dadurch seine Deckung, steht schräg zu Frazier. Der schlägt und trifft. Die Brust, den Magen, das Kinn. Ali weicht in die Ecke zurück. Frazier scheint sich wieder erholt zu haben. Er schlägt langsam und kraftvoll. Ali kontert kaum. Einmal schlagen beide gleichzeitig, Frazier einen linken, Ali einen rechten Haken. Frazier trifft, Alis Schlag wird durch Fraziers Arm abgelenkt. Ali verteidigt sich kaum, seine Deckung hat gefährliche Lücken. So boxt jemand, der entweder angeschlagen oder mit den Gedanken woanders ist, vielleicht bei der Vorstellung, wie es wäre, wenn man einfach aufgäbe und nicht noch sieben Runden Hitze und Schmerzen vor sich hätte. Frazier jedenfalls hat die Runde wieder ausgeglichen.

Neunte Runde. Ali machte kaum mehr ernsthafte Versuche, Frazier fernzuhalten. Ein paar Gerade, sozusagen pro forma. Dann das klassische Bild dieses Kampfes – ein Bild, das wir aus allen Kämpfen Ali–Frazier kennen, ein Bild, das aber die letzten Runden dieses Kampfes mehr beherrscht als alle anderen. Ali überläßt Frazier den Kampf. Zwischendurch ein paar leichtfüßige Schritte, um sich dann wieder an einer anderen Ecke des Rings stellen zu lassen. Trotzdem wirkt Muhammad Ali merkwürdig entspannt, anders als in den vorigen Runden. Die Imitationen des «alten Ali», die wenigen schnellen Schritte mit den jabs an Fraziers Kopf (oder daneben) wirken nicht mehr hilflos, sondern wie eine Erholung von den Schmerzen der Schläge Fraziers, und der Aufenthalt an den Seilen scheint dazu da, die Beine zu schonen. Das wirkt natürlich wie der am Ende aussichtslose Versuch eines Durstigen, die Speichelproduktion mit dem abwechselnden Genuß von Salzgebäck und Schokolade anzuregen, aber ein Stück weit funktioniert das ja. Gong.

In der zweiten Hälfte der achten Runde war Ali klargeworden, daß der Zeitpunkt, den Kampf zu wenden, noch nicht gekommen war, und der Zweifel, ob er noch in der Lage sein würde, das zu tun, wenn das der Fall sein würde, hatte ihn fast kampfunfähig gemacht. In der Pause vielleicht oder in den ersten Sekunden der neunten Runde hatte er den Entschluß gefaßt, durchzuhalten. Ali kämpft jetzt gleichzeitig abwesend und konzentriert. Er bedient sich seines Körpers wie einer Maschine, die Belastungen ausgesetzt werden muß, aber nicht kaputtgehen darf. Vielleicht schafft diese Haltung auch Distanz zu den wachsenden Schmerzen in Armen und Beinen, in der Nierengegend, im Magen, im Kopf.

«Rocky»

> «Uns zu schildern, uns zu nennen;
> Denn wir sind Allegorien,
> Und so solltest du uns kennen.»
>
> Knabe Wagenlenker

> «Und, allegorisch wie die
> Lumpe sind,
> Sie werden nur um desto mehr
> behagen.»
>
> Mephistopheles

Reden wir nicht von «Trauma». Aber reden wir doch von etwas mehr als einer bloßen Irritation. Vielleicht ist «Schock» das richtige Wort? Die Figur «Muhammad Ali» war ein kollektives Erlebnis, das – natürlich in Verbindung mit dem Vietnamkrieg, dem sich Ali verweigerte und der als «nationales Trauma» öffentlich bezeichnet worden ist – die USA vor, sagen wir ganz neutral: Bewältigungsprobleme stellte. Es brauchte fünf Kinofilme, alle fünf große Kassenerfolge, der erste von ihnen Träger von drei Oscars (nominiert für sechs weitere), um das «Bild Muhammad Ali» zu bewältigen. Derjenige, dem die Aufgabe zufiel (derjenige, der sie übernahm), war interessanterweise auch derjenige, der in den Filmen «First Blood» und «Rambo II – Der Auftrag» auch das «Vietnamtrauma» bearbeitete, in «First Blood» auf seine Weise ähnlich erfolgreich wie in Deutschland Wolfgang Borchert mit «Draußen vor der Tür» die deutsche Niederlage[46], in «Rambo II» vor allem die ins öffentliche (Un-)Bewußtsein eingelassenen TV-Bilder des Krieges einem optischen Widerruf unterziehend – Sylvester Stallone. Aber das auszuführen ist hier nicht der Ort.

Nach dem Kampf gegen George Foreman in Kinshasa hatte Muhammad Ali nach einem leichten Gegner gesucht und in dem wegen seiner Neigung zu Platzwunden «The Bayonne Bleeder» genannten Schnapskaufmann Chuck Wepner aus Bayonne, New Jersey, gefunden. Wepner war der Nobody, der auch einmal eine Chance bekommt. Er nutzte sie, blieb bis in die fünfzehnte Runde stehen, dann wurde der Kampf wegen der Verletzungen Wepners abgebrochen. Zuvor aber hatte – und das war die eigentliche Sensation – Wepner Ali zu Boden geschickt. Zwar ergab die Aufzeichnung des Kampfes, daß Wepner Ali auf den Fuß getreten war, während der versucht hatte, einen Schritt zurückzugehen – aber immerhin. Später hat Wepner den Kampf richtig qualifiziert: «Ich war vielleicht der beste Schwergewichtler von New Jersey, aber er war der größte Schwergewichtler aller Zeiten.»[47] Später ist Wepner wegen Kokainbesitzes und -verkaufs im Gefängnis gelandet, und dort hat ihn dann Sylvester Stallone besucht und ihm erzählt, er sei das Urbild für die Figur «Rocky» gewesen. Stallone wollte ihm auch eine Nebenrolle als Rockys Sparringspartner Ching Weber in «Rocky II» geben, aber die ist dann gestrichen worden. Rückblickend: «Der Kampf gegen Muhammad Ali war die größte Sache in meinem Leben.»[48]

«Rocky» (um zunächst nur über den ersten Film der Reihe zu sprechen) ist die Geschichte des kleinen italoamerikanischen Boxers Rocky Balboa, der nie eine große Chance bekommen hat, mal für wenige Dollars einen Kampf macht, als Geldeintreiber für einen nicht ganz so schlimmen Vorstadtgangster arbeitet, in ein unscheinbares, schüchternes Mädchen, Verkäuferin in einer kleinen Tierhandlung, verliebt ist. Dieser kleine Boxer erhält auf einmal das Angebot des amtierenden schwarzen Weltmeisters Apollo Creed, um die Weltmeisterschaft zu boxen. Grund für dieses Angebot ist, daß der eigentliche Gegner Creeds wegen einer Verletzung ausgefallen ist, der Kampf aber um des Show-Effektes willen auf den 200. Jahrestag der Gründung der Vereinigten Staaten von Amerika angesetzt ist. Alles in die PR für den Kampf investierte Geld würde verloren sein, wenn der Kampf ausfiele. Kein anderer Kämpfer der Top ten steht zur Verfügung. Da hat Apollo Creed die Idee, am Geburtstag Amerikas einem Unbekannten die Chance zu geben, um den Titel zu boxen, denn das sei die Botschaft Amerikas: Jeder bekomme einmal seine Chance. Beim Durchblättern der Listen stößt Creed auf Rockys Spitznamen «The Italian Stallion», was sich in der Synchronisation des Films als «Der italienische Hengst» natürlich kaum so gut ausmacht und außerdem die Klangassoziation zu «Stallone» vermissen läßt.

Rocky Balboa trainiert hart für den Kampf, steht fünfzehn Runden durch, hat in der ersten den Champion einmal niedergeschlagen, geht in den folgenden Runden selber mehr als einmal zu Boden, hat dann in der letzten Runde den Gegner am Rande der Ohnmacht – da ertönt der Gong, rettet den Champion, der nach Punkten gewinnt. Das Mädchen aus der Zoohandlung, inzwischen nicht mehr ein schüchternes Mauerblümchen, sondern durch die Liebe des an Selbstvertrauen gewachsenen Rocky zur schönen Frau erblüht, nimmt ihn in die Arme, als er nach dem Kampf, erschöpft, zerschlagen, doch glücklich, gegen den Weltmeister fünfzehn Runden durchgestanden zu haben, ihr in dieselben sinkt: «I love you!»

Aber täuschen wir uns nicht. Der Film ist nicht schlecht. Soll heißen: er erfüllt seine Genre perfekt. Er macht nicht den Fehler vieler Filme, eine im Grunde billige Geschichte auch billig zu inszenieren. Der Film präsentiert eine triviale Story mit Genauigkeit, Perfektion, Aufwand und guten Schauspielern. Und hier sei eine Lanze für Sylvester Stallone als Rocky Balboa gebrochen: Besser, mit dieser Mischung aus Naivität und Professionalität, hätte *diese* Rolle niemand spielen können. – Idee und Drehbuch des Films stammen ebenfalls von Stallone. Es gehört zur Geschichte dieses Films, daß Stallone bis dato ein unbekannter Schauspieler gewesen war, weshalb eine Produktionsfirma ihm das Drehbuch wohl abkaufen wollte, die Rolle aber mit einem Star besetzen. Die kleine Heldengeschichte, wie Stallone sich durchsetzt, trotz aller Schwierigkeiten am Schluß dennoch und so weiter, gehört ebenfalls nicht hierher.

Der Film wäre trotz allem und trotz der aufregenden und raffiniert gedrehten Kampfszenen am Schluß nur eine blöde Boxergeschichte unter vielen gewesen, die vermutlich das Vorurteil der Branche bestätigt hätte, daß Boxerfilme «nicht gehen», wenn Rocky Balboas Gegner, Apollo Creed, nicht überdeutlich als Wiedergänger Muhammad Alis gezeichnet wäre. Die Filmgesellschaft soll versucht haben, das Drehbuch zu ändern, um Alis Fans nicht zu verärgern und vom Kinobesuch abzuhalten, aber wenn das so gewesen sein sollte, hat Stallone den besseren Publikumsinstinkt bewiesen. Stallone: «Natürlich war Apollo Creed ein nur kaum maskierter Ali. Wenn Ali nicht existierte, dann hätte man mir die Prämisse zu *Rocky*, glaube ich, nicht abgekauft. Daß Ali aber nun tatsächlich existierte, gab dem Film eine Bestätigung und einen Schub, und damit wurde er zu einem glaubwürdigen Vehikel für das, was ich sagen wollte. Und was ich sagen wollte, war zum Teil, was Ali darstellt. Ich finde, er ist ein Mannskind, und das meine ich positiv. Er hatte die Vitalität, die Kraft und den Elan, mit denen man Riesen umhaut, und das ist doch das Wichtigste an der Jugend – es mit den Ikonen aufzunehmen, die man vor uns aufgestellt hat, alte Werte umstürzen und versuchen, sie durch neue zu ersetzen.» Daß er Ali schätzt, schließlich war der für ihn unschätzbar, beteuert Stallone, und man möge «Rocky» nicht als einen Anti-Muhammad-Ali-Film verstehen: «Ich war ein Fan von Ali. Rambo und noch manche andere Figuren, die ich gespielt habe, sind im wesentlichen rechts, aber das hat nichts mit meinen Überzeugungen zu tun. Viele Leute denken, ich wäre von meinen Figuren nicht zu unterscheiden, aber das stimmt überhaupt nicht. Als Ali zum Beispiel den Kriegsdienst verweigert hat, da war ich nicht so sehr gegen ihn, wie manche glauben. Ich fand, Vietnam war eine nutzlose Anstrengung, wie die meisten Kriege. Ein paarmal war ich mit dem, was Ali sagte und tat, nicht einverstanden. Er konnte einen auf die Palme bringen, aber ich habe begriffen, das gehört eben zu seinem psychischen Strickmuster. Sehr oft hat er einfach die eigenen Ängste auf den Gegner übertragen. Und seine Kämpfe waren eine Feier des Lebens.»[49] – Und Stallone läßt seinen Rocky in einer frühen Szene des Films, in der in einer heruntergekommenen Kneipe sich einer über Apollo Creed mit dem klassischen Attribut: «Großmaul» äußert, sagen: «Von wegen Großmaul, der Mann ist Champion, hat alles reingeworfen und ist Weltmeister geworden. Was leistest du schon dagegen?»

Die Figur des Apollo Creed ist mit Ali-Attributen behängt, sie ist eine buchstäbliche Allegorie. Es kommen ihr Spruchbänder aus dem Mund mit Originalzitaten, abgesehen von der Rede vom «Größten» und «Schönsten», dem «Kampf des Jahrhunderts» und so weiter, redet Creed auf einmal Sätze aus einer Pressekonferenz, in der Ali Joe Frazier verspottet hatte, weil dessen Sohn Boxer werden sollte. Meine Kinder, so Ali, sollen studieren und Ärzte oder Anwälte werden. Ähnlich läßt sich Creed in einem Fernsehinterview hören. Vor dem Kampf läßt Stallone den echten Joe Frazier in den Ring steigen und vom Ansager begrüßen mit: «Philadelphia's Smoking Joe!» Frazier begrüßt erst Rocky, dann Creed: «Erinnerst du dich noch an unsern Kampf?» («Rocky» kommt weniger als ein Jahr nach Manila in die Kinos), und Apollo Creed ruft ins Publikum, was Muhammad Ali in einer Pressekonferenz nach dem Kampf in Manila fast wörtlich so gesagt hatte: «Joe Frazier! Außer mir der größte von allen!» Darauf Rocky Balboa zu seinem Trainer: «Die sind wohl Freunde?»

Vor dem Trugschluß, Creed solle Muhammad Ali «sein», warnt der Umstand, daß Rocky in seinem kleinen, schäbigen Zimmer außer einem Goldfisch noch zwei Schildkröten hält, die er «Clay» und «Frazier» nennt. Creed ist ein mit den Attributen Alis ausgestatteter, gesteigerter Ali, eben eine Allegorie, und die Allegorisierung eines Menschen befördert den selber und alles, wofür er steht oder die Leute meinen, daß er stehe, in gewissermaßen mythische Dimensionen. Der König oder Kaiser, dem Bockshörner an die Robe gemalt werden, wächst sich zur Verkörperung des Teufels aus, wenn nicht zum Antichrist persönlich. Creed ist die Verkörperung eines Unsichtbaren, das durchaus dämonische Qualitäten hat. Stallone erreicht das, indem er Creed «netter» zeigt, als Ali gewesen war. Creed ist natürlich kein Black Muslim, er ist nicht einmal ein Black-Power-Mann. Er ist zwar nicht im Ernst glühender Patriot, aber er bedient sich der amerikanischen Symbole (200. Jahrestag, Flagge) nicht wie ein ehemaliger Kriegsdienstverweigerer.

Ja, er trägt zu seinen Kämpfen notorisch Shorts in den Farben des Star Spangled Banner. Das ist für den Aufbau der Allegorie interessant. Die Idee mit den amerikanischen Farben stammt nämlich von Wepner, der einen patriotischen Akzent gegen Ali setzen wollte: «Ich bin ein ehemaliger Marinesoldat, darum wurde die Hymne der Marines gespielt, als ich über den Gang zum Ring schritt. Ich trug einen rotweißblauen Bademantel. Es war toll.» In «Rocky» ist es aber eben nicht der Titelheld, sondern die Ali-Allegorie, die sich in die amerikanischen Farben kleidet, sogar als Allegorie der USA – als Uncle Sam nämlich – kostümiert den Ring betritt. «Ich kämpfe für euch!» ruft Creed dabei ins Publikum, mit dem ausgestreckten Zeigefinger das zum Militärdienst aufrufende Plakat «I want you!» zitierend. Creed ist also zugleich Allegorie Muhammad Alis (der ebenfalls zu sagen pflegte, er kämpfe nicht nur für sich, sondern für «die Schwarzen Amerikas» oder «das Ghetto» oder «die Moslems der Welt») *und* der USA. Eine für den Zuschauer kurios zusammengestellte Allegorie, denn der Bildgeber Creeds hatte ja nicht in den amerikanischen Farben «for you» kämpfen wollen, und auch der Satz «I fight for you» mit der Geste des «I want you» ist eine widersprüchliche Kombination. Kurz, die Allegorie ist schief zusammengesetzt, und damit ist ihre Botschaft eindeutig: Das ist das falsche Amerika. Das falsche Amerika ist das, in dem das Bild «Muhammad Ali» das bestimmende gewesen war/wäre/werden würde. Dagegen setzt der Film «Rocky» seine Bilder.

Da ist, vor allen Bildern, der *Name* «Rocky». Wir erinnern uns, daß Rocky Balboa, The Italian Stallion, wie sein Schöpfer Sylvester Stallone Italoamerikaner ist. Es gab einen berühmten italoamerikanischen Weltmeister im Schwergewicht, mit Nachnamen Marciano, mit Vornamen Rocky. Rocky Marciano wurde 1952 Weltmeister und trat 1956 ungeschlagen zurück. Auf ihn folgten Patterson, Liston, Muhammad Ali. Marciano war (mit der Ausnahme des Zwischenspiels mit Ingemar Johansson, der Weltmeister war für einen Kampf, und Gerrie Coetzee, dieser für ein Jahr) der letzte weiße Weltmeister im Schwergewicht. Auch hier ist der Film überdeutlich. Rocky Balboa hat ein Photo von Rocky Marciano im Zimmer, sein Trainer sagt: «Weißt du, daß du mich an ihn erinnerst? Du bewegst dich wie er und hast das Herz wie er.» Es war nämlich eine Zeitlang ein beliebtes Ratespiel unter amerikanischen Sportreportern, ob Muhammad Ali wohl Rocky Marciano (der für den härtesten Puncher aller Zeiten ausgegeben wurde, als Liston und Foreman diese Titel eingebüßt hatten) hätte schlagen können. In der Tat hat man sich an einem Tischrücken eigener Art versucht. Man hat typische Kampfszenen Alis und Marcianos in einen Computer eingegeben und alles, was sich sonst noch programmieren ließ, und dann spielten Marciano und Ali Szenen für einen Film nach, u. a., da das Computerergebnis abgewartet werden sollte, drei verschiedene Kampfausgänge. Der Computer rechnete und entschied sich für Rocky Marciano. Ali kommentierte das Ergebnis mit dem Hinweis auf den Bundesstaat, in dem der Computer gebaut worden war, Alabama. Jetzt hatte man ihn in Hollywood nachgebaut. Stallones «Rocky» verbildlichte das, was Floyd Patterson nicht verkörpern konnte, «The White Hope», die den Titel «zurück nach Amerika» bringen sollte.

Vor allem dessen mythisches Substrat. Rocky bringt das «falsche Amerika» wieder in Ordnung, indem der Underdog «The White Hope» wird und das triumphierende schwarze Amerika jedenfalls moralisch besiegt. Apollo Creed tritt nicht nur, wie geschildert, als «Uncle Sam» auf, sondern nimmt in einem Siegeswagen die Haltung George Washingtons beim legendären Übergang über den Delaware ein. Der Ansager nennt ihn «Vater des Vaterlandes», und die Nummerngirls, die zum Ende jeder Pause die Ziffer der nächsten Runde herumtragen, sind als Freiheitsstatuen kostümiert und schwarz von Gesicht. Allerdings sind die Gesichter silbrig überpudert, so daß sich ein totes Schwarz wie von poliertem Metall zeigt. Die amerikanische Freiheitsstatue vervielfältigt, an Stelle der Fackel die Nummer der nächsten Runde des Kampfes von Apollo Creed, und das Ganze noch als march of the living dead. Dagegen erhebt sich, unterprivilegiert, verhöhnt und doch stolz, das weiße Amerika, das Amerika der Einwanderer aus Europa, bös geschlagen, aber unzerstörbar.

«Rocky» war, wie gesagt, ein großer Erfolg; Erfolge hecken Nachfolger, so folgten dann auf «Rocky» «Rocky II–V». Mit

«Rocky V» ist definitiv Schluß, wir werden sehen, warum. In «Rocky II», wen wundert's, gibt es einen zweiten Kampf mit Apollo Creed, den diesmal Rocky gewinnt und Weltmeister wird. In «Rocky III» verliert Rocky, im Erfolg verwöhnt und weich geworden, seinen Titel gegen einen ausgesprochen unerfreulichen schwarzen Boxer, holt sich aber den Titel zurück. In «Rocky IV» besiegt er einen russischen Boxer, der aller Welt die Überlegenheit des Sowjetsystems zeigen soll – ein Film der Reagan-Jahre. In «Rocky V» schließlich ist Rocky zurückgetreten und versucht, erfolglos, sich einen Nachfolger zu suchen. Ende der Serie. Jeder einzelne der Filme hat einen klaren, fast rituellen Aufbau. Er beginnt mit der Szene des Triumphs aus dem letzten Film, dann stellt sich eine neue Aufgabe. Es ist unklar, ob Rocky sie wird meistern können, es gibt eine Krise, Rocky überwindet die Krise, und es ist immer die Frau (Talia Shire, die von Film zu Film schöner wird), die ihm letztlich die Kraft gibt. Dann die mit pathetischer Musik unterlegten Szenen harten Trainings, endend mit einem Langstreckenlauf in I und II die Treppe zur Town Hall in Philadelphia hinauf, in III am Strand von Kalifornien, in IV einen russischen Berg hinan. Schließlich der große Kampf, in dem bis zuletzt der Sieg zweifelhaft ist, am Schluß der Triumph.

Es wäre nicht nötig, hier weiter auf die «Rocky»-Filme einzugehen, wenn sie nicht etwas wie einen Subtext hätten, der erst klar wird, wenn man die ganze Serie gesehen hat. Es ist die Verwandlung des Rocky Balboa in Muhammad Ali. Das Bild, das durch andere Bilder zu besiegen der erste «Rocky»-Film sozusagen «ausgezogen» war, setzt sich am Ende durch und bleibt dominierend. Das Warum ist nicht ganz leicht herauszubekommen. Aber zunächst zu den Einzelheiten.

«Rocky II» ist diesbezüglich noch zurückhaltend. Rocky heiratet, seine Frau erwartet ein Kind, das Geld, das er mit dem ersten Kampf verdient hat, ist schnell ausgegeben. Rocky schlägt sich in einigen miesen Berufen mehr schlecht als recht durch. Er möchte wieder boxen, weil das der einzige Weg ist, seiner Familie einen anständigen Lebensunterhalt zu verschaffen, aber seine Frau will das nicht. Auch sein Trainer rät ab:

Rocky sei bereits zu alt, vor allem ist sein eines Auge beschädigt («Wenn er dich noch mal so trifft, geht's Licht aus!»). Apollo Creeds Ruf aber ist auch beschädigt, man sagt, er sei nur durch Zufall im letzten Kampf Sieger geblieben. So fordert denn Creed Rocky zu einem zweiten Kampf heraus, provozierend genug, daß auch der Trainer mitzieht: «Ich finde, der braucht mal wieder was vor die Rübe.» Und Rocky antwortet: «Absolut.» Rockys Frau: «Rocky.» Sie trägt ein T-Shirt mit der Aufschrift «Baby». Rocky: «Adrian, ich verlange von dir nicht, daß du aufhörst, eine Frau zu sein, verlange auch von mir nicht, daß ich aufhöre, ein Mann zu sein. Bitte.» Das allein überzeugt noch nicht, und Rocky trainiert unkonzentriert, ist nicht bei der Sache. Adrian muß ins Krankenhaus, eine Frühgeburt. Lange liegt sie in Ohnmacht, Rocky wacht an ihrem Bett. Als sie endlich wieder zu Bewußtsein kommt, das Kind, ein Sohn, versteht sich, in ihren Arm gelegt wird, sagt Rocky: «Du, ich hab mir gedacht, wenn du nicht willst, daß ich noch mal gegen Creed boxe, wird mir schon etwas andres einfallen.» Doch da sagt Adrian: «Da wär schon was, was du für mich tun könntest: Gewinne!»

Und dann geht's natürlich los, vor allem das Trainingsprogramm, das sich Rockys Trainer Mickey ausgedacht hat. Er will nämlich Rockys Kampfstil völlig verändern. Gemeinsam sehen sie sich eine Aufzeichnung des letzten Kampfes an: «Siehst du, wie geschmeidig er sich bewegt, wie er dir diesen jab ans Auge ballert. Dein Stil ist viel zu schnell auszurechnen, Rechtsausleger, das sind die miesesten, haben meistens den Kopf vor den Fäusten, müssen viel zuviel riskieren, haben nur selten 'ne rechte Führhand. Du mußt das Unmögliche schaffen, du mußt Linksausleger werden, das bringt Apollo durcheinander und ist der beste Schutz für dein schlimmes Auge. Aber als erstes müssen wir schnell werden, so schnell wie der Teufel, Tempo müssen wir kriegen, wir brauchen ein irrwitziges Wahnsinnstempo!» Und so bleibt Rocky Balboa Mann und wird umgebaut wie eine Maschine. Den Kampf kämpft er bis zur letzten Runde als Linksausleger, ist auch schneller geworden, im großen und ganzen jedoch der alte Rocky. In der letzten Runde darf er's sogar wieder sein und wechselt die Auslage. Im Kampf, der diesmal noch opulenter inszeniert ist als beim ersten Mal, darf Apollo Creed so ziemlich alle Posen vorführen, die man aus ganz unterschiedlichen Kämpfen Muhammad Alis kennt. In der letzten Runde schlägt Rocky Apollo Creed zu Boden, stürzt aber selber mit, und beide Boxer fallen in Zeitlupe synchron, ein optisches Zwillingspaar, zu Boden. Creed kann sich nicht mehr erheben, Rocky schafft es, im berühmten Bruchteil einer Sekunde vor dem «Aus». Er gewinnt den Kampf. «Siehst du, Adrian, ich hab's geschafft!» ist der Schlußruf.

«Rocky III» beginnt mit der Reprise des gemeinsamen Sturzes der beiden Boxer. Dann wird die Geschichte munter weitererzählt. Rocky, der neue Weltmeister, boxt erfolgreich weiter und genießt ansonsten sein Leben, bewohnt mit Frau und Kind ein großes Haus, macht Reklame für Kreditkarten, tritt in der «Muppets-Show» auf, in einem Wohltätigkeitskampf gegen einen Catcher an[50], enthüllt eine Statue von sich selbst, die die Stadt Philadelphia ihm zu Ehren aufgestellt hat. Der bald beunruhigte Zuschauer sieht aber während der Kämpfe Rockys, von denen man immer die letzten siegreichen Augenblicke sieht, einen schwarzen Finsterling, der Ohrring trägt mit Federn daran, einen Irokesenhaarschnitt hat und Clubber Lang heißt. Dieser Clubber Lang fordert auf besonders unangenehme und beleidigende Weise Rocky heraus, und der will die Herausforderung auch annehmen, doch sein Trainer verbietet ihm das nahezu. Er habe nach dem Kampf gegen Creed nur gegen ausgesucht ungefährliche Boxer gekämpft, dieser aber sei jung und hungrig und unberechenbar. Rocky besteht auf einem Kampf, trainiert aber lax und wird von Clubber Lang furchtbar zusammengeschlagen. Während des Kampfes erleidet Rockys Trainer einen Herzinfarkt und stirbt.

Der Kampf wird von dem in den «Rocky»-Filmen üblichen Journalistenpaar kommentiert und zusätzlich von Apollo Creed, der für den ehemaligen Gegner freundliche Worte findet. Dann wird, wie der echte Joe Frazier in «Rocky I», Apollo Creed als Ringprominenz begrüßt. Aber auch diesem gegenüber benimmt sich Clubber Lang schlecht: «Hau ab, verschwinde, ich brauch dich nicht, ich brauche keinen Ehemaligen, ich brauche keinen

Typen, der in meiner Ecke rumlungert, es wäre besser, du würdest nicht so glotzen, bevor ich dir die Fresse einschlage, komm schon, komm schon, willst du vielleicht was? Komm doch, Creed, ja komm doch, worauf wartest du?» Worauf Creed ihn lange ansieht, sich zu Rocky wendet und sagt: «Mach allen ein Geschenk, und schick diesen Mistkerl auf die Bretter, ja?» Aber Rocky verliert den Kampf, und wenn Clubber Lang am Ende im Triumphzug aus dem Ring getragen wird, schwenkt die Kamera zu Apollo Creed, wie sie bei Rockys vorigen Kämpfen zu Clubber Lang hinübergeblickt hatte.

Trainer Mickey wird beerdigt. Es ist Nacht. Rocky allein und verzweifelt in seiner Trainingshalle. Da taucht aus dem Dunkeln Apollo Creed auf. «Was willst du?» – «Ich glaube, daß du der Beste bist, aber um ehrlich zu sein, ich glaube nicht, daß du es ohne mich schaffen kannst.» Und dann wird Apollo Creed Rocky Balboas Trainer und bringt dem alles bei, was er kann. Es ist der zweite Umbau des Mannes Rocky. Hatte der erste nur einen ebenbürtigen Gegner, eine (siehe gemeinsamen Sturz) Art Parallelidentität ergeben, soll Rocky nun wie Apollo Creed werden. Soll heißen: Rocky wird ab jetzt boxen wie Muhammad Ali.

Dieser Umbau wird überlagert durch ein erneutes «Rocky-darf / muß-wieder-ein-richtiger-Mann-sein / werden». Trainiert wird abseits von allem Luxus in einer ausgesucht schäbigen Gegend voll von Pennern, Drop-outs und solchen, die noch den «hungrigen Blick» haben und «nach oben» wollen. Es wird also das Grundthema von «Rocky I» reinszeniert. Doch Rocky ist mal wieder nicht bei der Sache. Der Grund: Er hat Angst vor Clubber Lang, er will nicht alles bisher Erreichte aufs Spiel setzen, er hat Angst, beim nächsten Kampf verletzt, gar getötet zu werden. Die von Creed verordnete Schäbigkeit und inszenierte Armut allein nützten nichts. Es ist wieder die Frau, Adrian, die das nötige virilitätsgenerierende Wort spricht: «Wenn es vorbei ist, weil du willst, daß es vorbei ist, ist es o. k. Nur: du hast noch nie etwas aufgegeben, seit ich dich kenne.» – «Ich habe Angst!» «Ich habe auch Angst, Rocky, es ist aber nichts dabei, wenn man Angst hat. Aber es ist egal, ob ich dir das sage oder nicht, weil du derjenige bist, der damit fertig werden muß. Apollo denkt, daß du es schaffst, und ich auch. Aber du mußt auch glauben, daß du es schaffst. Nicht für irgendwelche Leute, nicht für den Titel, nicht für Geld, nicht für mich, aber für dich. Für dich allein, Rocky.» – «Und wenn ich nun verliere?» – «Dann verlierst du. Aber du verlierst wenigstens ohne Entschuldigung. Ohne Angst. Ich weiß, daß du damit leben könntest.» – «Warum bist du nur so verflucht hart?» – «Ich lebe mit einem Boxer.» – «Ich liebe dich.»

Der Kampf, der dann stattfindet, ist, im Gegensatz zu den Kämpfen in «Rocky I» und «II», die noch etwas Realistisches haben mochten, eine eigenartige Groteske. So wie dieser kann auch die Karikatur eines Boxkampfes nicht aussehen. Zunächst (Ringkommentar: «Oh, das ist nicht der Rocky, den wir erwartet haben, er boxt wie Apollo Creed») schlägt Rocky krachende linke und rechte Gerade, die treffen, und Clubber Lang befremdlich laut sausende Haken, die ins Leere gehen («Es ist kaum zu glauben, er kann den leichtfüßigen Herausforderer nicht in seiner Ecke stellen!»). Dabei bleibt der Böse, um Hilflosigkeit zu demonstrieren, immer stehen, wenn der Gute ihn haut. Es kracht und saust («Dies ist Rocky Balboas Nacht!»). In der zweiten Runde wird Rocky ein bißchen verprügelt, ja sogar einmal zu Boden geschlagen, nachdem Clubber Rocky in die Ecke geschleudert hat, was merkwürdig und jedenfalls nicht nach Boxen aussieht («Geh aus der Ecke raus!», schreit Apollo Creed zu Rocky hinüber wie früher vielleicht Angelo Dundee zu Muhammad Ali). Nach drei Niederschlägen taumelt Rocky schrecklich herum, nimmt dann aber beide Hände hoch zum Kopf und sieht für einen Augenblick aus wie Muhammad Ali beim rope-a-dope an den Seilen. «Komm schon, hau fester», sagt Rocky – wie Ali in Kinshasa. In der Pause zur dritten Runde fragt Creed entsetzt: «Was, zum Teufel, tust du da?», und Rocky antwortet: «Das ist Strategie, ich weiß schon, was ich tue.» In Clubbers Ecke sagt dessen Betreuer, während der Betreute keucht und keucht: «Hör zu, verschwende deine Schläge nicht!» Rocky in seiner Ecke: «Er wird müde, er wird müde! Ich schwöre dir, ich weiß, was ich tue.» Hat Ali einst so zu Angelo Dundee gesprochen? Es folgt in der Tat eine Zeitraffer-Parodie einiger Szenen aus dem Kampf gegen George Foreman in Kinshasa. Dann plötzlich die bei manchen Kämpfen (vor allem in der fünften Runde gegen Sonny Liston) zu beobachtende seltsame Geste Alis, die ausgestreckte Linke, um den Kopf des Gegners auf Armlänge fernzuhalten. In den wirklichen Kämpfen hatte sie stets diesen oder jenen Sinn, hier wirkt sie wie in die anderen Aktionen hineinkopiert, nur damit sie auch noch vorkommt. Dann fordert Rocky Clubber auf: «Schlag zu, schlag zu, vielleicht geht's ein bißchen härter?», und dann sieht es ganz furchtbar aus und ist in Zeitlupe, und Adrian schreit verzweifelt: «Rocky!», und Rocky hat wieder die Kinshasa-Doppeldeckung oben, und dann weicht er plötzlich jedem Schlag aus, ist doppelt so schnell, wie jeder Boxer sein könnte, Clubber haut wieder ungeheuer ins Leere (und es saust), und Rocky trifft ungeheuer hart (und es kracht), dann gibt es etwas wie ein Watschenduell, dann versteckt sich Clubber hinter der Doppeldeckung, aber Rocky kann sie selbstverständlich durchschlagen, dann gibt es unsagbar kraftvolle Körpertreffer von Rocky, bei denen er Clubber immer so hält, als wolle er den mit der Schlagfaust eine kleine Trittleiter hochwuchten, und dann haut er Clubber um und fällt mit ihm in ähnlichem Doppelsturz wie zum Ende von «Rocky II» mit Apollo Creed zu Boden – aber nicht ganz, denn Rocky kann sich fangen, läuft an dem anderen vorbei und jubelt, während der ausgezählt wird («Das ist ein unglaubliches Comeback, Rocky ist völlig außer sich!»). Am Ende des Films bittet Creed Rocky um eine private Runde im Trainingssaal, Creed schlägt einen imaginären Gong, und dann schlagen beide gleichzeitig, Creed eine rechte Gerade, Rocky einen linken Cross, und beide treffen. Ende des Films. Abspann.

Das Schlußbild zeigt einen nun Creed ebenbürtigen Rocky Balboa, aber die Bilderfolge zuvor bedeutet doch etwas anderes. Wer diesen Film-Boxkampf ansah, sah vor allem ein ästhetisches Neuarrangement, er wurde Zeuge einer Dekorationsänderung. Der groteske Kampf war so etwas wie die Umallegorisierung Rockys, die sich schon in «Rocky II» andeutete, nur im Zeitraffer. Rocky bekommt alle Attribute Muhammad Alis, die vorher Apollo Creed zukamen, angehängt.

Um diese Umallegorisierung komplett zu machen, läßt man

Apollo Creed Rocky Balboa auch noch seine Hose verpassen. Das war – «Rocky II» als gleichsam retardierendes Moment verstanden – die Erfüllung des Versprechens von «Rocky I»: das falsch zusammengesetzte, falsch klischierte, collagierte, allegorisierte Amerika wieder einzurichten, eben umzudekorieren. Der Weiße trägt jetzt die Shorts. Kurios an diesem Bild ist, daß das weiße, aufstrebende Amerika sich den alternden Boxer Muhammad Ali zum Vater wählt, in dessen Hosen es schlüpfen will. Hat Muhammad Ali das amerikanische Urversprechen, wie es Sylvester Stallone selbst formuliert hat, das der permanenten Adoleszenz, der Generationenablösung, als Bild verkörpert? Aber wie kann einer das? Warum konnte nicht der alte erfolgreiche Schwarze durch den jungen erfolgreichen Weißen einfach abserviert werden? Warum mußte sich das Bild Alis, bis es zum Vexierbild wurde, über das des Rocky schieben, das doch eine so solide Gegenfigur im ersten Film gewesen war?

Das Bild Muhammad Alis ist selber ein Vexierbild. Er war der böse und der gute Schwarze. Er appellierte an so ziemlich alle Ideale, die die amerikanische Tradition zur Verfügung hatte, nutzte sie aus und opponierte gegen sie. Er war selber ein Bündel aller der Widersprüche, die das Land prägten. Seine Pressekonferenzen waren fromm oder blasphemisch, er pries Amerika oder Afrika, er fühlte sich zu Hause in Erwartung von Zaire und machte gleichzeitig Kannibalenwitze, er sagte, der Titel «Weltmeister im Schwergewicht» sei der bedeutendste der Erde und riet seinen Kindern öffentlich, zu studieren, er verhöhnte seine schwarzen Gegner, wie es ihm gefiel, als submissive «Uncle Toms» oder als «blöde Nigger». Während der Olympischen Spiele schwenkt der Goldmedaillengewinner und spätere Weltmeister im Schwergewicht, George Foreman, die Flagge der USA. Rocky erhält von Creed die gestreiften Hosen vor einem Kampf, der karikaturhaft-unverkennbare Zitate aus Muhammad Alis Kampf gegen George Foreman enthält. Und der Kampf ist für Rocky, wie für Muhammad Ali, das Comeback als Weltmeister. Ein allegorischer melting pot.

Nachdem nun Rocky Balboa alles kann, was Apollo Creed kann, nachdem Rocky und Apollo Creed Freunde geworden sind und Rocky durch den Akt der Hosenübergabe von Apollo Creed zum legitimen Nachfolger erklärt worden ist, gibt es für Apollo Creed in einem eventuellen Nachfolgefilm nichts mehr zu tun. Wer ein wenig von Dramaturgie versteht, wird auf einen baldigen Tod der Figur Apollo Creed tippen, und er hat recht damit. Stallone schafft Creed ab, und da man, anders als im Leben, Leute nicht unmotiviert von der Bühne abtreten läßt, geschieht das ziemlich effektvoll. In «Rocky IV» wird Apollo Creed im Ring totgeschlagen. Totgeschlagen hat ihn ein russischer Boxer, genauer: einer aus der damals noch existierenden und den USA in einem gemeinsamen kalten Krieg verbundenen Sowjetunion, eine unbesiegliche Kampfmaschine, ausgesandt, um aller Welt die Überlegenheit des sowjetischen S(ports)ystems zu beweisen. Der russische Boxer heißt – wie? Ja, fast richtig geraten, er heißt: Ivan Drago. Creed möchte den Russen (und sich natürlich) zeigen, was er noch vermag, und diesmal steht Rocky in seiner Ecke. Der Kampf ist als Schaukampf deklariert, und es wird wieder eine große Show, eine noch größere als beim Kampf gegen Rocky. Apollo Creed erscheint wieder als Allegorie Amerikas, und wir ahnen, daß das schiefgeht. Zunächst scheint der Russe verwirrt zu sein von so viel Las Vegas, Glitter, Feuerwerk, Go-go-Girls und so weiter, denn obwohl er ein bodygebuildeter Hochglanzathlet ist, hat er (so vermuten wir) seine Kindheit doch in irgendeinem miesen Dorf ohne Kühlschrank und Fernsehapparat verbracht. Im Ring ist der Russe denn auch nicht nur überlegen, sondern zudem böse und gemein, und schlägt, wissend, was er tut («Wenn er tott iist, iist er tott!!»), Apollo Creed in der zweiten Runde so wuchtig, daß dessen Genick bricht. Creed hatte Rocky nach einer bereits fast vernichtenden ersten Runde verboten, den Kampf zu stoppen («Egal, was passiert. Egal, was passiert!»), und so zögert Rocky einen Augenblick zu lang, ehe er doch das Handtuch wirft.

Apollo Creed wird beerdigt, Rocky spricht die Grabrede und legt den Weltmeistergürtel auf Apollo Creeds Sarg, dann legt er seinen Weltmeistertitel nieder und will ihn erst wieder führen, wenn er den Russen geschlagen hat. Rockys Frau Adrian ist –?

Richtig: gegen den Kampf. Und Rocky sagt: –? Fast richtig, er sagt: «Ich muß tun, was ich tun muß.» – «Du mußt gar nichts tun.» – «Doch.» – «Früher hab ich verstanden, warum du keinen Kampf ausgelassen hast, aber das hier verstehe ich nicht mehr. Selbst wenn du siegst, Apollo wird nicht mehr lebendig. Warum kannst du dich nicht damit abfinden, das tut schließlich jeder.» – «Weil ich ein Kämpfer bin, Adrian. So bin ich nun mal geboren. So hast du mich geheiratet. Ein Mann kann sich nicht einfach ändern.» Dann: «Du hast gesehen, wie stark er ist. Du kannst nicht gewinnen.» – «Ach, Adrian. Adrian weiß immer alles so gut. Vielleicht kann ich nicht gewinnen. Vielleicht kann ich nichts weiter tun als so viele Schläge einstecken, wie er austeilt. Aber um mich zu besiegen, muß er mich im Ring umbringen. Und um mich umzubringen, muß er die Kraft haben, mir dabei ins Auge zu blicken. Und um das zu tun, muß er selbst bereit sein, zu sterben. Und ich weiß nicht, ob er dazu bereit ist. Ich weiß es nicht.» Nach diesen Sätzen geht Rocky hinaus in die Nacht und fährt mit dem Auto durch dieselbe. Dabei zieht sein ganzes Leben an ihm vorbei. Und wir haben verstanden. Doch für den Fall, daß nicht, sehen wir mehrfach die Szene wieder, in der Apollo Creed, vom Russen tödlich getroffen, zu Boden stürzt, und dann ist es plötzlich Rocky an seiner Stelle.

Und so macht sich also Rocky an das schwierige Geschäft der eigenen Wiederauferstehung, und bekanntlich muß man dazu erst mal in die Hölle. Aber die ist zur Hand: Rußland. Dort, so haben es die Russen bestimmt, soll der Kampf stattfinden, und zwar am Weihnachtstag. Nun, noch ist es nicht soweit. Rocky verabschiedet sich von seinem Sohn: «Denk daran, daß ich dich liebe. Egal, was passiert», von seiner Frau – ein langer Blick zum Fenster, in dem sie steht. Schnitt. Rußland, genauer: Sowjetunion, aber da zur damaligen Zeit diese Differenzierung noch nicht anstand, ist es richtig Rußland. Schnee. Auf einem miesen Flugplatz landet die miese Aeroflot-Propellermaschine. Eine polierte Mercedes-Limousine bringt Rocky und seinen Trainer[51], den ehemaligen Trainer von Apollo Creed, in das Trainingscamp. Und das («Drüben wurden sie natürlich in einem besonders hölzernen Hotel einkwartiert»[52]) ist eine Hütte im tiefsten

Sibirien – verschneit, ohne fließendes Wasser, ohne Heizung. Die Pumpe im Hof muß aufgetaut werden, Rocky muß Holz hacken.

Dagegen das Trainingscenter des Russen: ein High-Tech-Bunker unter der Erde. Digitale Anzeigen von irgendwas, Lämpchen, Chromglitzern, grüne Bildschirme, auf denen Kurven erscheinen, Zahlenkolonnen. Ivan Drago trainiert an ausgetüftelten Geräten, die einzelne Muskelpartien ausbilden. Und zwischendurch eine Injektion.

«Rocky IV» ist das letzte vollgültige Dokument des SU-/Rußlandbildes, mit dem meine Generation in den 50er Jahren aufgewachsen ist. Erstens sind die Russen hinterhältig. Dann sind sie furchtbar rückständig. Außerdem sind sie uns technisch überlegen: T-24, Sputnik, SS-20. Und wirklich: Der erste Mensch im Weltraum hieß Gagarin. Doch wie sah er aus? Wie ein Pilot aus dem Zweiten Weltkrieg. Dagegen waren die amerikanischen Astronauten immer schön bunt und silbrig. Die Kosmonauten waren immer schwarzweiß. Das Volk hat nichts zu beißen, der Komfort und Service der sowjetischen Fluglinie ist unter aller Kanone, aber unter der Erde, da geht es technisch perfekter zu als in den USA.

Wir ahnen natürlich schon, daß in dem sich andeutenden Kampf der Systeme das Rocky verordnete back to nature ein back to the roots ist, daß er amerikanischen Pioniergeist aufnehmen wird und daß Ivan Drago, das Kunstprodukt eines verordneten Kollektivismus, unterliegen wird. Die Schikane der Russen, Rocky in eine abgelegene sibirische Hütte zu verbannen, wird also, nach Mao Tse-tung, der Stein sein, den sie erheben, der aber auf ihre eigenen Füße fallen wird. So sieht es auch der ehemalige Trainer Creeds, ein Schwarzer by the way, denn Rocky soll das ganze Amerika repräsentieren: «Das hier ist genau richtig für das, was du vorhast. Du wirst Höllenqualen durchmachen. Aber am Ende gehst du aufrecht aus dem Ring. Du weißt, was du tun mußt. Tu es!» Und dann beginnt das furchtbare Training, allein draußen in Sibirien. Der Dauerlauf durch den knietiefen Schnee (und die KGB-Limousine folgt auf der Straße nebenher).

Die Trainingssequenzen sind gegeneinander geschnitten: Rocky sägt Holz und schleppt Feldsteine, Ivan Drago hebt Gewichte, Ivan Drago steigt an einer Art waagerechter Leiter mit beweglichen Sprossen, Rocky zieht im Maultiergeschirr einen schwerbeladenen Schlitten – und so weiter. Ivan Drago erledigt einen Sparringspartner nach dem andern, Rocky fällt Bäume. Auf Drago konzentrieren sich alle technischen Energien einer Weltmacht, Rocky hilft einem russischen Bauern, sein Pferdegespann aus dem Schnee zu ziehen. Schließlich sieht man Drago mit weitausgreifenden Schritten auf einer Laufbahn mit Spezialbelag rennen und immer mal wieder aus dem Lauf heraus einem Punchingball einen Hieb versetzen. Rocky schleppt einen schweren Balken auf den Schultern durch den Schnee, die Hände links und rechts auf die Balkenenden gelegt, dann bricht er mit dem linken Bein in den Schnee, aber kein Simon von Kyrene ist zur Stelle. Und wieder der lange Lauf, Ivan Drago allein auf der Bahn, beobachtet vom Trainer mit der Stoppuhr, Rocky im Schnee, beobachtet von zwei KGB-Agenten in der schwarzen Limousine. Als er nach Hause kommt, steht Adrian vor der Tür des Holzhauses: «Ohne dich konnte ich es nicht mehr aushalten. Du hast mir gefehlt.» – «*Du* hast mir gefehlt.» – «Ich bin an deiner Seite. Egal, was passiert.» – «Egal, was passiert?» – «Egal, was passiert!» Umarmung. Dann setzt die Musik tosend ein, und das Training geht noch einmal so gut und noch einmal so hart. Wieder die Gegenschnitte. Und wieder verstehen wir: Während Ivan Drago sich einsam in seinem riesigen Techno-Bunker schindet, stehen an Rockys Seite die, die ihn lieben. Und der Trainer gibt die Parole des Kampfes aus: «Keine Schmerzen. Du kennst keine Schmerzen. Keine Schmerzen.» Zum Schluß muß Drago auf einem schräggestellten Laufband rennen (auf der Stelle, nicht wahr, von wegen Fortschritt), dessen Winkel der Trainer (ein Sadist!) stufenweise verstellt. Auch Rocky läuft, die schwarze Limousine hängt er ab, er läuft einen Berg rauf, während Drago auf dem immer steileren Laufband rennen muß, dann gibt Drago auf, Rocky ist auf dem Gipfel und ruft: «Drago!!» Das alles ist toll gemacht, und Hollywood ist wirklich eine der besten Waffen der USA.

Dann kommt der Kampf. Der findet im größten Stadion Moskaus statt, und das ist, wie kann man es anders erwarten, voll von Russen. Man erkennt sie gleich, und sie alle schreien: «Drago! Drago!», auf «dergleichen Slawischuftereien»[53] mußte man ja gefaßt sein. Und oben auf der Tribüne sitzt das gesamte Politbüro, wir können die Physiognomie von Andrej Gromyko erkennen, und dann – Jubel – betritt unverkennbar Gorbatschow die Tribüne. Die Russen, gemein, wie sie sind, liefern nun das Gegenstück zu der Show von Las Vegas: ein riesiges Porträt von Ivan Drago in sozialistisch-realistischer Manier, ganz Ehrenmal in Erinnerung an den vaterländischen Krieg und erster Traktorist des Landes, steigt an der Rückwand des Stadions auf zu den Klängen der Hymne der Sowjetunion. Das Publikum, in dem man die Gesichter vieler alter verkniffener Generäle erkennen kann, erhebt sich und salutiert. Aber man sieht, daß die Russen alle ihnen zur Verfügung stehende Technologie in dem Trainingsbunker von Drago untergebracht haben müssen, denn das Feuerwerk, das Dragos Bild illuminiert, ist doch wieder ziemlich selbst gemacht, so wie ganz große Wunderkerzen. Im Vergleich zur Las-Vegas-Show fällt uns wieder nur das Wort «schäbig» ein. Rocky trägt natürlich Apollo Creeds Hosen aus dem Stoff der amerikanischen Fahne. Und was für Hosen hat Drago an? Rote. Mit gelben Streifen. Auch rote Boxhandschuhe. Rocky wird ausgebuht, Drago bejubelt. And now the fight of the shorts can start. «Ich muuß dich verrniichten!»

Rocky wird natürlich zunächst entsetzlich verprügelt, und der Kampf ist noch unwahrscheinlicher als die bisher gefilmten. In der Ringpause sagt Rockys Betreuer: «Keine Schmerzen!» Aber natürlich wendet sich das Blatt langsam. Und oben auf der Tribüne des Politbüros spielt sich ein Drama ab, das wohl Weltgeschichte bedeutet. Nach der ersten Runde hatte der Gromyko auf der Tribüne noch triumphierend zum Gorbatschow hinübergeblickt, und der hatte zurückgenickt: Brav! Nach der sechsten Runde aber blickt Gorbatschow mit einem kalten Blick zu Gromyko, und der blickt starr wie nur je ein Russe. Dann die elfte Runde. Der Kommentator: «Jetzt gibt es die ersten Beifallsrufe für Rocky Balboa. Sieht aus, als habe er mit seinem Mut Moskau erobert!» In der Pause zur fünfzehnten Runde hört man die russische Menge: «Rocky! Rocky!» Der Gorbatschow blickt wieder zum Gromyko hin, der läuft in Ivan Dragos Ringecke, beschimpft den Trainer auf russisch (Untertitel: «Du hast diesen Versager trainiert! Es ist eine Schande!»), dann sagt er zu Ivan Drago: «Hörst du sie?! Die Leute jubeln *ihm* zu! Idiot! Besiege ihn!» Darauf blickt Ivan ungeheuer böse, hebt den Gromyko mit einer Hand hoch, läßt ihn fallen (und wir verstehen) und ruft (auf russisch, mit Untertiteln): «Ich kämpfe, um zu gewinnen! Für mich!» und noch einmal, mit erhobener Faust: «Für mich!» Kameraschwenk auf den Gorbatschow. Wir können etwa auf diesen Zeitpunkt das Ende des sowjetischen Kollektivismus datieren. In der letzten Runde wird erst Rocky noch mal schrecklich verhauen, und dann schlägt Rocky ganz ungeheuer zurück (Kommentator, enthusiastisch: «Rocky Balboa metzelt den Russen nieder!»), dann knockt er Ivan Drago aus («Rocky Balboa hat das Unmögliche möglich gemacht, und die Leute lieben ihn! Sie jubeln ihm zu!»). Rocky wird auf die Schultern gehoben, in die amerikanische Fahne gehüllt, und der Gorbatschow blickt zum Gromyko, und der wagt kaum zurückzublicken. Dann spricht Rocky das Schlußwort ins Mikrophon: Besser sei's, daß zwei Männer kämpfen, als daß zwei Länder dies täten, und man habe ihn hier nicht gemocht, und er habe die Leute hier auch nicht gemocht, aber jetzt sei das anders, «während dieses Kampfes hat sich vieles verändert. Was ihr über mich gedacht habt, und was ich über euch gedacht habe. Und wenn ich mich ändern kann, dann könnt ihr euch auch ändern. Dann muß sich auch die ganze Welt ändern können!» Die Sätze werden ins Russische übersetzt, und das Publikum jubelt und klatscht. Da erhebt sich der Gorbatschow und klatscht, und alle außer dem Gromyko mit ihm. Ein strenger Blick. Dann klatscht auch der Gromyko. Dann wünscht Rocky – der Kampf wird ja per Satellit in alle Welt übertragen – seinem Sohn «Frohe Weihnachten! Ich liebe dich!».

Damit hätten wir dann auch «Rocky IV» hinter uns. In diesem Film läßt sich das psychische Schema der «Rocky»-Pentalogie erkennen und damit die Bedeutung des Bildes von Muhammad Ali für den Versuch seiner Bewältigung. Die Frage: «Wie ist es möglich, daß ein einzelner Mensch eine so außergewöhnliche Wirksamkeit entfaltet?»[54] kann man hier erneut studieren. Zu den einzelnen Themen des Films: Einmal haben wir das der Männlichkeit wie in allen anderen «Rocky»-Filmen. Über die wiedergegebenen Zitate und das referierte Geschehen hinaus ist da wenig zu sagen. Das zweite Thema ist die Politik. Hier ist neben dem wunderbaren Aufmarsch der Klischees, der Dreistigkeit der Umsetzung (zwei Männer tragen den Kampf der Systeme aus) und des Dokument gewordenen Größenwahns von Sylvester Stallone (es muß ihm einen Heidenspaß gemacht haben) vor allem erwähnenswert, wie sich dieses Thema mit dem ersten verbindet. Der russische Boxer, das sowjetische System scheitern ja letztlich daran, daß sie die falsche Art von Kämpfer(n) ausbilden. Solche, die seelenlos trainiert und für eine Abstraktion in den Kampf geschickt werden. Die Kämpfer sind stark, aber ohne Herz. Wogegen die amerikanische Seite Kämpfer produziert, die Herz haben, die wissen, wofür sie stehen, die Ideale haben. Diese Ideale aber sind die der individuellen Selbstverwirklichung – *das* «Rocky»-Thema I–IV. Der amerikanische Kämpfer ist besser, weil er für die Sache kämpft, die es ihm erlaubt, für sich selbst und nur für sich selbst zu kämpfen. Das begreift der russische Boxer vor der letzten Runde («Ich will gewinnen! Für mich!»). Weil das so wunderbar zusammenpaßt, wirkt die an sich völlig absurde Steigerung des «Rocky»-Stoffes ins Weltpolitische eigenartig plausibel.

Nun war aber die «Rocky»-Saga von Anfang an nicht unpolitisch. Es gab den 200. Jahrestag der Gründung der USA, Apollo Creeds Maskierung als George Washington. Rocky ist in «Rocky IV» ein Außenpolitiker geworden, ein Innenpolitiker ist er schon immer gewesen. In «I» und «II» holte er den Titel zurück ins «richtige Amerika» und kämpfte gegen das «falsche». Und das «richtige» war wieder dort, wo die Menschen um ihre Ursprünge wissen, noch nicht saturiert sind, wo noch nicht alles Bluff und Show ist, wo die Leute noch etwas wollen, bereit sind, ihren Schädel hinzuhalten – eben Kämpfer sind. Das «falsche» war das der Gleißnerei, wo das uramerikanische Angebot, jedem eine Chance zu geben, ein Werbetrick ist, wo die Fahne zu einer

PR-Veranstaltung herunterkommt. In «III» erlag Rocky selber dem falschen Amerika, dem falschen Selbst, wurde erst weich, dann bekam er Angst. Und er mußte wieder authentisch werden, zu seinen Ursprüngen zurück, um erneut antreten zu können gegen ein «falsches Amerika». Das war in diesem Falle das «böse schwarze Amerika», für das in «Rocky I» auch Apollo Creed mit einigen seiner Muhammad-Ali-Anteile gestanden hatte und für das nun der finstere Clubber Lang steht. Während Rocky der Repräsentant der «guten Unterklasse» ist, deren Ziel es ist, nach oben zu kommen, und die das auch schafft, wenn sie sich anstrengt (neue Unterklassen kommen per Immigration nach, die steigen wieder auf, und so wiederholt sich das über die Jahrhunderte), ist Clubber Lang Vertreter der «bösen Unterklasse», die nicht nach oben will, sondern das, was über ihr ist, zerstören will, um der Zerstörung willen. «Diesmal», sagt er in einem Fernsehinterview, «gibt es kein schnelles Ende, diesmal will ich ihm weh tun!» (Hier sind Ali-Anteile hin verschoben worden, dem man ja nachgesagt hat, vielleicht zu Recht, daß er Gegner, die ihn beleidigt hätten, im Ring länger stehen ließ, als dies für ihn nötig gewesen wäre.) Und es gelingt Clubber Lang auch beinahe, das Familien- und Klassenglück Rockys zu zerstören. Erst als Rocky sich der Tugenden der «guten Unterklasse» wieder bedient, gewinnt er, und Clubber Lang verschwindet wie ein Spuk. Allerdings gelingt ihm das nicht ohne die Hilfe des «guten Schwarzen», zu dem Apollo Creed nunmehr eindeutig geworden ist, der Rocky alles beibringt, was er selber weiß, um den «bösen Schwarzen» zu besiegen.

Aber das Bündnis von Creed und Balboa ist nicht nur das Bündnis des guten schwarzen mit dem guten weißen Amerika gegen das böse schwarze – es findet noch auf einer anderen Ebene statt. Was hatte Adrian noch gesagt: «Selbst wenn du siegst, Apollo wird nicht wieder lebendig. Warum kannst du dich nicht damit abfinden? Das muß schließlich jeder!» Womit muß sich jeder abfinden? Mit welchem Tod muß sich jeder Mann abfinden? Ja, ganz richtig. Und nun hören wir Rocky zu, wie er die Grabesworte für Apollo Creed spricht: «Ich könnte über diesen Mann eine Menge sagen. Aber ich weiß nicht, ob das jetzt noch Sinn hat. Das einzige, was wichtig ist, das sind die Ideale, für die er stand. Wofür er gelebt hat. Und wofür er getötet wurde. Du hast alles immer so gemacht, wie du es wolltest. Ich gebe zu, ich habe dich bis jetzt nicht verstanden. Aber jetzt verstehe ich es. Ich vergesse dich niemals, Apollo.» So mag ein Sohn am Grabe des verstorbenen Vaters sprechen, und zwar dann, wenn das Verhältnis zu ihm zuvor nicht das beste gewesen ist. Liebe und Schuldgefühl. Und Rocky fügt hinzu: «Du bist der Beste!» Vater ist der Allerbeste. And the Greatest. Rocky legt seinen Gürtel ab und gibt ihn Apollo Creed zurück. Schließlich hatte er den, den er jetzt an Vaters Statt adoptiert, zuvor geschlagen, des Thrones und des Titels beraubt. Rocky tritt nicht nur als Rächer auf, sondern unterwirft sich auch einer Selbstbestrafung (Leitmotiv: «Egal, was passiert» – und seine Frau kann erst wieder an seine Seite treten, wenn sie das akzeptiert). Nachdem Selbstbestrafung und Rache vollzogen sind, kann Rocky wieder idealiter an Apollo Creeds Seite stehen – oder sitzen, sagen wir: zu seiner Rechten.

Nun wird auch deutlich, was das übertriebene Werden-wie-Apollo-Creed in «III» motiviert hat und die grotesken Kampfszenen, in denen Rocky umallegorisiert wird. Als Apollo Creed Rocky anbietet, ihn zu trainieren, war der bereits durch eine Bestrafung gegangen und im Ring «beinahe getötet» worden. Wer die Szene, in der Ivan Drago Apollo Creed den Hals bricht, vergleicht mit der, in der Clubber Lang Rocky k. o. schlägt, sieht, daß sie fast identisch sind. Rocky erlebt in «III» die Bestrafung für den Mord an seinem «Vater» Apollo Creed. Aber warum sollte Creed für Rocky Balboa den Vater symbolisieren? In der Tat merkt man in «I» und «II» davon nichts. Man merkt es erst ex post, wenn die seltsamen Veranstaltungen von «III» und «IV» folgen. Vielleicht kann man sagen, daß Apollo Creed in diesen Filmen rückwirkend zur Vaterfigur wird.

Als Rocky, bestraft, geschlagen, allein in seiner Trainingshalle steht – zuvor war er an der Stelle der blasphemischen Selbsterhöhung, der Statue ihm zu Ehren, gewesen und hatte einen stillen Fluch gesprochen –, da kommt Apollo Creed, der ihm das Angebot macht, ihn zu trainieren («Ohne mich schaffst du es nicht!»)

aus dem Dunkel wie ein Geist. Es ist sogar so, daß Rocky ihn zunächst nicht erkennt, ganz wie Hamlet einst. Der Ausweg, den der Geist aus Demütigung und Bestrafung weist, ist das klassische: «Werde wie ich!» Das wollen wir, mit Freud, nicht lächerlich machen: «Selbst der große Goethe, der in seiner Geniezeit den steifen und pedantischen Vater gewiß geringgeschätzt hat, entwickelte im Alter Züge, die dem Charakterbild des Vaters angehörten. Auffälliger kann der Erfolg noch werden, wo der Gegensatz zwischen beiden Personen schärfer ist. Ein junger Mann, dem es zum Schicksal wurde, neben einem nichtswürdigen Vater aufzuwachsen, entwickelte sich zunächst, ihm zum Trotz, zu einem tüchtigen, zuverlässigen und ehrenhaften Menschen. Auf der Höhe seines Lebens schlug sein Charakter um, und er verhielt sich von nun an so, als ob er sich diesen selben Vater zum Vorbild genommen hätte.»[55]

Die Identifikation mit dem Vater ist die Möglichkeit, dem Gefühl der Schuld und der phantasierten Furcht vor Bestrafung zu entgehen. Von «III» aus sind also «I» und «II» Inszenierungen des Vatermords, der in «III» sozusagen «geheilt» wird. Aber etwas bleibt: der Weltmeistertitel für Rocky, der Titel der «Beste», «Größte» zu sein. Rocky bleibt der unwürdige Thronprätendent, der Usurpator. So muß also in «IV» Apollo Creed noch einmal sterben – es ist wie der Versuch, zu beweisen, daß Rocky der wahre Mörder nicht sein könne. Dann gibt Rocky Apollo Creed den Titel und die Trophäe zurück. Er tritt den Kampf an als Stellvertreter Apollo Creeds auf Erden. In der Tat gründet Rocky so etwas wie eine Religion, er tut, was Freud in «Der Mann Moses» beschreibt: Nicht sich selber setzt er an die Stelle des Vaters, sondern erhebt diesen unter die Götter und weiht sich seinem Dienste. Und wiederum aus «IV» rückblickend, sehen wir, daß die Identifikation in «III» eine erneute Versündigung gewesen war.

Bevor wir uns nun endgültig der Frage zuwenden, was eigentlich das Bild Muhammad Alis mit diesem eigenartigen Zug ins Mythologische zu tun hat, blicken wir sorgenvoll auf das Ende von «Rocky IV», das den absoluten Triumph Rockys zeigt, ihn zeigt, Träger der gestreiften Shorts, eingehüllt in das Star-Span-

gled Banner, im Herzen Moskaus – und nicht etwa seine Rück-
kehr an Apollo Creeds Grab. Der Psychologe und der Mythologe
werden sich einig sein, daß das so wenig gutgehen kann wie die
Überhebungen Mose in der Wüste. Und es geht nicht gut, denn
ein fünfter «Rocky» kommt in die Kinos. Der beginnt, wie alle
andern, mit den letzten Szenen des voraufgegangenen. Dann
sehen wir Rocky Balboa in Moskau unter der Dusche, dann
müde, erschöpft, zerschlagen auf einer Holzbank im Umkleide-
raum. Er ruft nach seiner Frau, die kommt, er zeigt ihr seine
Hände, sie zittern unkontrollierbar: «Ich kann nicht – ich
schaff's einfach nicht, meine Hände ruhig zu halten.» Zurück in
den USA, läßt Rocky sich untersuchen, und der Befund zeigt,
daß ihm nicht nur – wie Muhammad Ali – die Hände zittern,
sondern daß er – ebenfalls wie Muhammad Ali – einen Hirnschaden aufweist, ein Loch in der Membran, die die Ventrikel
trennt. Vielleicht eine Folge zu schwerer und zu vieler Kopftreffer, jedenfalls aber Grund genug, nie wieder zu boxen. Erneut
das Thema von Strafe und Identifikation. – Zudem ist Rocky
wieder arm. Üble Berater haben, während er in Moskau war, sein
Vermögen ruiniert. Auch hier Anklänge an Muhammad Ali.
Rocky muß wieder dorthin zurück, von wo er gekommen ist,
aber in diesem Film ist es kein «back to the roots» zu neuem
Aufstieg, it's over. Moses bleibt in der Wüste.

Aber ein junger Boxer, Tommy Gunn, der es schaffen will, der
nach oben will, möchte Rockys Rat und Hilfe. Der erste Kampf,
in dem Rocky in dessen Ecke steht, findet in dem Keller statt,
wo wir in «Rocky I» Rocky das erste Mal haben kämpfen sehen.
Dann führt ihn Rocky von Kampf zu Kampf bis vor die Chance
zu dem Kampf um den Weltmeistertitel. Und Tommy Gunn
boxt natürlich wie Rocky. Die Presse schreibt über ihn als
«Rockys Doppelgänger» oder gar: «Rockys Klon». Rocky läßt
ihn sogar die gestreiften Shorts tragen. Aber Tommy Gunn ist
ein Unwürdiger. Er läßt sich von einem skrupellosen schwarzen
Boxveranstalter, der, obwohl er über Rockys Gesundheitszustand informiert ist, nichts weiter will, als Rocky noch einmal in
den Ring zu locken, einkaufen und bekommt den Weltmeisterschaftskampf. Er gewinnt und läßt sich öffentlich, während

Rocky am Fernsehschirm zusieht, so vernehmen: «Ich möchte mich bedanken, ich möchte mich gerne bedanken bei dem Mann, der das alles möglich gemacht hat –» – Schnitt; Rocky lächelt ein wenig verlegen; Schnitt –, «dem Mann, der mir zu Selbstvertrauen verholfen hat» – Schnitt; Rocky lächelt mehr; Schnitt –, «Mr. George Washington Duke!» Gemeint ist der skrupellose Veranstalter.

Der Rest ist schnell erzählt. George Washington Duke sagt Tommy Gunn, der werde nie als Weltmeister wirklich akzeptiert werden, wenn er nicht gegen Rocky boxe. Tommy Gunn fährt daraufhin zu Rocky, beschimpft ihn, es kommt zu einer Hinterhofschlägerei zwischen Mülltonnen, die natürlich Rocky gewinnt. – Er hat damit über seinen eigenen Klon gesiegt – oder: sein falsches Selbst. Denn er hat nicht nur Tommy Gunn «alles beigebracht, was ich konnte», wie einst Apollo Creed dem Rocky Balboa, sondern sich selbst mit Tommy Gunn identifiziert. Während der Übertragung von dessen Weltmeisterschaftskampf geht Rocky so «mit», daß er einen Sandsack im gleichen Rhythmus bearbeitet wie Tommy Gunn seinen Gegner, und den entscheidenden K. o.-Schlag feuern sie beide zur selben Zeit ab.

Aber was passiert, wenn Rocky sein «falsches Selbst» erledigt, das doch eigentlich nur er selber ist, nämlich vor dem Zeitpunkt, als er zum zweiten Apollo Creed geklont wurde? Rocky verschwindet. Er boxt nicht mehr; seine Identifikation mit Apollo Creed ist verschwunden, denn davon geht nichts in das Training mit Tommy Gunn ein; schließlich verschwindet auch noch der Wiedergänger des frühen Rocky. Was bleibt: die direkte Identifizierung mit Muhammad Ali: Händezittern und Hirnschaden. Und noch etwas. Am Ende der Prügelei mit Tommy Gunn schlägt Rocky den anwesenden George Washington Duke nieder. Der ist nicht nur wieder ein «böser Schwarzer» (das auch), nicht nur wieder eine Verkörperung des «falschen Amerikas» («George Washington»), sondern vor allem eine klare Verkörperung des berühmtesten schwarzen Boxveranstalters in der sogenannten Wirklichkeit, Don King («Duke»).

Don King war nicht nur der Veranstalter vieler Boxkämpfe mit

Muhammad Ali, er ist vor allem der Veranstalter des Kampfes Muhammad Ali–Larry Holmes gewesen. In Hausers Ali-Biographie finden wir folgende Zitate: «Mike Katz: ‹Ich weiß doch, daß es für Don King wichtig war, daß Ali auf den Kampf einging. Dies war eine der wenigen Gelegenheiten, wo Kings eigenes Geld auf dem Spiel stand und nicht das von jemand anderem. Wäre Ali–Holmes nicht zustande gekommen oder an den Kassen durchgefallen, wäre King in Schwierigkeiten gewesen. Und natürlich lag es auch ganz klar in Kings Interesse, daß Holmes gewann. Er war Larrys Exklusiv-Promoter.›» Und: «John Schulian: ‹Ich hasse Don King, weil er diesen Kampf veranstaltet hat. (…) Man mußte keine große Koryphäe sein, um zu wissen, daß Ali damals schon mit einem Gehirnschaden zu tun hatte. Er sprach nicht mehr so wie früher. (…) Don King, so ein räuberischer, verlogener Motherfucker! Daß der sich hinstellen konnte und sagen: Oh, Muhammad; I love you, Muhammad. Ich halte zu dir, Muhammad, du bist der Größe! Und dann macht er ein Vermögen damit, Ali auf diese Weise mißhandeln zu lassen. Well, fuck you, Don King!»[56] Und mit solchem «fuck you, Don King!» endet der Film «Rocky V» und mit ihm die Pentalogie. Eine Fortsetzung ist nicht möglich, die Geschichte ist aus. Auf der Ebene der Story stürmte Rocky von Erfolg zu Erfolg bis zur Eroberung Moskaus – dann der Sturz. Auf der Ebene der Bilder oder, sagen wir: der impliziten Mythologie der Filme sehen wir sich etwas anderes durchsetzen: Am Anfang steht das Bild Muhammad Alis, das durch das Bild «Rocky» ersetzt werden soll, aber das Bild «Rocky» erhält in immer neuen allegorischen Schüben die Konturen des Bildes von Muhammad Ali, dann wird die allegorische Umdekoration als blasphemisch verworfen, Rocky wird zum Diener des Bildes, und als er, trotz aller Exzesse der Selbstbestrafung, sich auch dessen als unwürdig erweist, löscht Rocky sich selbst aus. Übrig bleibt allein eine Identifikation im Leid – und der gewünschte Schlag ans Kinn des Don King.

Gong – sozusagen. Der letzte Film hat uns von selber wieder zum Thema zurückgeführt und zu der Frage, die oben schon gestellt wurde: «Wie ist es möglich, daß ein einzelner Mensch» – und wir reden hier von keinem Weltenverwüster, auch von keinem anderen der klassischen «Großen Männer», sondern bloß von einem Boxer, einem, der dafür bezahlt wird, sich vor anderen Menschen zu prügeln – «eine so außerordentliche Wirksamkeit entfaltet»? Nichts von dem, was das Bild Muhammad Alis ausmacht, wäre denkbar ohne seine Boxkämpfe. Das ist nicht trivial, denn es gilt umgekehrt nicht: Wäre er nur Boxer gewesen (und kein PR-Genie, kein loud-mouth, aber auch kein Black Muslim, kein Kriegsdienstverweigerer, kein Verfasser schräger Verse, keiner, für den sich Bertrand Russell, Martin Luther King, Malcolm X interessierten), wäre er trotzdem berühmt geworden. Er wäre nicht jene Person geworden, die die USA in den 60ern dermaßen verstört hat, aber eben doch ein berühmter Boxer. Mehr noch: Muhammad Alis Eigenschaften als Boxer dominieren und durchdringen alle anderen Teile seines öffentlichen Bildes. Mögen letztere, für sich genommen, auch bloß die glitzernden Funken irgendeines Reklamefeuerwerks sein, so steht doch dahinter, irgendwie düster-archaisch doch, der Faustkampf, das Kräftemessen, und aller modernen PR-Flüchtigkeit wird so etwas wie ein vorzeitliches Gütesiegel verpaßt. Darum, noch einmal, muß, wer das verehrte, gehaßte, bewunderte, verachtete (und so kann man lange fortfahren) Bild «Muhammad Ali» verstehen will, den Stil des Boxers Muhammad Ali untersuchen.

Als Identifikationsfigur in der Weise, die wir in den «Rocky»-Filmen gesehen haben, eignete sich Muhammad Ali aus zwei Gründen. Einmal wegen seiner *Proteushaftigkeit*. Jeder, der ihm über längere Zeit zugesehen hatte, konnte etwas finden, das aussah, als wäre es ein Stück vom Betrachter selbst. Zum andern wegen seines unbedingten Willens zur *Dominanz*. In Muhammad Alis Niederlagen kann man erkennen, daß beide Seiten zusammenkommen *mußten*, um erfolgreich zu sein. In seinen Siegen kann man erkennen, was faszinierte, *wenn* beide Seiten zusammenkamen.

Manila,
X – XII

Runde zehn. Eine müde Runde. Ali schlägt pro forma. Frazier macht auch einfach weiter. Ohne großen Enthusiasmus. Ali ist erschöpft; er wird ungenau; das wäre die Gelegenheit für den entscheidenden Treffer. Langsamer kann eine Runde kaum sein. Beide Boxer lehnen aneinander, Ali an den Seilen, Frazier an Ali. Frazier rafft sich zu einem Schlag auf, den Ali halb abblockt. Pause. Dann fühlt sich Ali zu einem Schlag verpflichtet, der trifft, aber so schwach, daß Frazier sich zu Recht nicht die Mühe gemacht hat, ihn parieren zu wollen. Einmal nimmt Frazier die Deckung hoch in Erwartung eines Gegenangriffs, aber der kommt nicht. Wenn Frazier schlägt und trifft, trifft er bei weitem härter als Ali (Kommentar: «That did Ali no good!»). Aber wie soll der Kampf, ja bloß die Runde weitergehen? Beide Boxer wirken ausgekämpft, nicht nur müde, sondern lustlos. So kann sich das, so können sich die beiden noch bis in die fünfzehnte Runde schleppen, aber man möchte das nicht sehen. Gong. Wer bei einer solchen Runde auf dem Videoschirm die Zeitlupentaste bedient, sieht die Dramatik in der Wiederholung, das Abenteuer in der langen Weile. Man sieht, wie sich die Treffer summieren, wie der eine dem anderen an die physische und psychische Substanz geht. Nicht erst nach dem Kampf, sondern bereits in der Pause zwischen der zehnten und der elften Runde sagte Muhammad Ali zu seinem Trainer Angelo Dundee: «Man, this is the closest I've ever been to dying.» Aber das ist keine resignierende Bemerkung, sondern eine, die eine Transformation ankündigt.

In die elfte Runde kommt Ali schnell, leichtfüßig, schlagkräftig. Frazier ist mit dem Rücken zu den Seilen. Ali trifft. Nicht hart, aber etwas beginnt sich zu ändern. Dann eine harte Links-rechts-Kombination, die Frazier nimmt, aber dann doch Ali wieder in der Ecke hat. Der Ringrichter trennt. Ali läßt sich wieder in die Seile drängen, aber nur kurz. Dann verläßt er sie. Es ist eine merkwürdige Geste, die Linke um Fraziers Nacken gelegt (eine von Muhammad Alis bevorzugten Techniken zur Blockierung des Gegners), dreht er sich heraus, altmodisch, wie eine Figur in Tänzen des 18. Jahrhunderts. Ali schlägt sparsam. Es ist noch nicht soweit, was immer das Kriterium dafür sein mag, aber er schlägt genau und nicht mehr pro forma. Er signalisiert Frazier den letzten Teil des Kampfes. Doch dann steht er wieder fast unbeweglich in der Ecke und läßt Frazier seine Holzfällerarbeit tun. Das Ende der Runde ist wie ihr Beginn. Eine Ankündigung, daß der Kampf sich wendet.

Runde zwölf. Aber zunächst zeigt sich nichts von einem Wechsel der Richtung. Nach einem Schlagwirbel ist Ali wieder an den Seilen, in der Ecke. Aber dann treffen genaue und harte Kombinationen Fraziers Gesicht. Frazier schlägt mit allem, was er hat, in Ali hinein. Ali verteidigt sich kaum. Er schiebt Frazier weg, macht aber keinen Versuch, aus der Ecke zu kommen, nur ein wenig Luft scheint er zu suchen. Jetzt wechselt Ali die Ecke, dreht sich heraus, schiebt sich an den Seilen zur nächsten Ecke, und Frazier folgt. Frazier tut seine Arbeit. Muhammad Ali geht aus der Ecke, als wäre Frazier ein Gast, den er verabschiede. Wie freundlich läßt er die Linke von Fraziers Schulter fallen, der plötzlich in der Ecke steht. Der Rest der Runde ist ein Gerangel mit Schlägen, Frazier findet sich an den Seilen, dann sind beide Boxer in Ringmitte. Gong.

Siege

Siege haben so was Evidentes und sind darum oft langweilig. Nichts öder als ein Box-Video «Boxing's Greatest Knockouts». Wenn man über Siege schreibt, bekommt der Stil, in dem man das tut, leicht etwas Teleologisches. Und will man das vermeiden, so verfällt man gern in künstliche Dramatik. Es ist albern, im nachhinein zu hoffen und zu bangen. Dann doch lieber im Sessel sitzen und wie ein etwas hegelianisierter Historiker zeigen, wie alles kommen mußte. Immerhin braucht man im Falle des Boxens zu keinen allzu lastenden Hypothesen zu greifen und nur von der Strategie des Siegers zu sprechen. Tun wir das also.

25. Februar 1964, Miami Beach. «Vor dem Gongschlag zur ersten Runde stand Liston am 25. Februar während der vor dem Kampf üblichen Instruktion im Ringmittelpunkt und versuchte den Herausforderer mit Blicken zu bändigen. Er hatte Handtücher unter seinen Mantel gestopft, um seine mächtige Gestalt noch eindrucksvoller erscheinen zu lassen. Liston versuchte, Clay einzuschüchtern, wie er dies bei vielen anderen getan hatte, aber Clay starrte einfach zurück und sagte immer wieder: ‹So, jetzt hab ich dich, du Dummkopf.› Dann begann der Kampf. ‹Er schlurfte immer auf seine gewohnte Art herum und schaute mich böse an. Mensch, ich scherze nicht, der wollte mich umlegen›, erzählte mir Clay später.»[57]

Liston glaubte von sich, was alle Welt von Liston glaubte: daß er der gefährlichste, stärkste, vielleicht beste Boxer aller Zeiten sei, daß der junge Cassius Clay nichts weiter sei als ein Schreihals, «scared to death». Auf Fragen der Sportreporter, wie lange er denn überhaupt werde gegen Liston durchhalten können, hatte Clay repliziert: «Ich bin jung, ich bin schön, ich bin schnell, ich sehe gut aus und bin nicht zu schlagen.» Liston, dem der Satz zu Ohren gekommen war, sagte daraufhin nur, Clay möge wohl zur Zeit gut aussehen, aber nicht mehr lange. Dann kam die berühmte Szene beim Einwiegen, die allen zu demonstrieren schien, daß Clay wirklich verrückt war vor Angst. Für Liston entstand dabei allerdings das unangenehme Gefühl, mit einem unberechenbaren Verrückten in den Ring steigen zu müssen. Allerdings dürfte das seine Entschlossenheit, den Kampf so schnell wie möglich zu beenden, nur gesteigert haben.

Gong zur ersten Runde. Liston geht auf Clay zu, der weicht aus. Liston macht zwei weitere Schritte, Clay ist bereits woanders. In der Tat prägt dieses Bild die erste Runde. Liston versucht vergeblich, Clay zu erwischen, der elegant auf den Zehen um Liston herumtänzelt, die Hände fast provozierend tief haltend. Auf den zweiten Blick sieht das etwas anders aus. Recht bald trifft Liston Clay mit einer Geraden an den Körper, etwa in Herzhöhe. Die Herzgegend gehört zu den klassischen «K.o.-Punkten», weil ein Treffer dort zu einer kurzfristigen Herzrhythmusstörung und einem Kreislaufkollaps führen kann. Es ist auch nicht so, daß Clay den Zuschauern seine überlegene Eleganz vorführen will – ex post mag das so scheinen. Wenn man genauer hinsieht, merkt man, daß Clay ungeheuer vorsichtig ist. Der erste Treffer hat ihm gezeigt, daß Liston in der Tat gefährlich ist. Clay ist nicht voller Selbstvertrauen, sondern er muß dieses Selbstvertrauen im Ring mit Sonny Liston erst gewinnen, und dazu muß er über einige Runden kommen.

Liston schlägt zwei weit ausgeholte Haken daneben, stolpert dabei, vom eigenen Schwung mitgezogen. Clay schlägt zwei linke Gerade, die treffen. Dann hat Liston Clay an den Seilen. Clay bückt sich und schlüpft einfach an Liston vorbei, ohne daß der reagiert. Das sieht komisch aus, und Liston beginnt jenem Tölpel zu ähneln, zu dem Clays Propaganda ihn hatte machen sollen. Man merkt, daß Clay sich über diesen Streich diebisch freut, er macht (in sicherer Entfernung) einen kleinen Luftsprung. Liston schlägt wieder zwei, drei Haken daneben, dann versucht er es mit Geraden. Jetzt tänzelt Clay nicht mehr zur Seite, sondern versucht etwas Neues. Er bleibt stehen und weicht nur mit dem Kopf zur Seite, nach links, nach rechts. Es gelingt. Liston trifft ihn auch dann nicht. Zwischendurch wieder zwei Gerade von Clay, dann eine Links-rechts-Kombination. Wieder lange Gerade von Liston, die nichts als Luft treffen. Und plötzlich, ja man muß schon sagen: explodiert eine Kombination von sechs Schlägen an Listons Kopf, eine rechte Gerade, ein linker Haken, ein rechter, zwei linke, wieder ein rechter Haken. Drei Schritte. Noch eine Links-rechts-Kombination. Zwei Schritte. Links-rechts-links. Die Runde endet mit langen gestochenen Linken an Listons Kopf.

Tatsache ist, daß in dieser ersten Runde Liston Clay zuerst getroffen hatte, nicht dieser jenen. Tatsache ist aber auch, daß das Listons einziger Treffer geblieben war. Hingegen hatte Clay Liston sicher mehr als zwanzigmal getroffen. Daß Clay sich als schneller, beweglicher erwies als Liston, war keine Überraschung und offensichtlich. Es war auch offensichtlich, daß Clay Liston zum Narren halten konnte, wenn er wollte. Ebenso offensichtlich war aber auch, daß Liston inzwischen vor Wut kochte. Und ein Treffer wie der am Rundenbeginn konnte den Kampf entscheiden.

Ein Rückblick auf diesen Kampf nötigt auch, eine Legende über Clays Stil zu korrigieren. Clay umkreiste Liston nicht und deckte ihn mit linken jabs ein, «um ihn zu ermüden» und dann bei passender Gelegenheit mit einer Rechten zu erledigen. Wer Clay auf diese Weise boxen sieht, sieht nur das Klischee, das sich aus einer Adaption von Clays Stil an den klassischen Boxstil ergibt. In diesem schlägt der Rechtshänder (Linksausleger) mit der Linken, um dann, eine ungeschickte Abwehr des Gegners nutzend, mit der (stärkeren) Rechten den Knockout zu versuchen. Das (wiederum: eigentlich offensichtliche) Geheimnis von Clays (und Muhammad Alis) Stil sind aber die Kombinationen, d. h. Schlag*folgen*. Ein K. o., ich sagte es bereits, tritt selten durch die bloße Wucht des Schlages ein. Er ist, José Torres hat darauf hingewiesen, eine Frage des Timings. Ein K. o. wird meistens durch einen Schlag herbeigeführt, auf den sich der Gegner nicht einstellen kann. Auf einen Schlag, den man zwar nicht parieren kann, den man aber dennoch kommen sieht, kann man sich einstellen. Nicht auf den «Blitz aus heiterem Himmel». Mit seinen schnellen Kombinationen versucht Clay/Ali so eine K.o.-Situation *herbeizuführen*, anstatt auf sie als auf ein Geschenk des Zufalls zu warten. In einer schnellen Kombination von Treffern ist immer wenigstens einer dabei, auf den der Gegner sich nicht einstellen kann. Ist der stark genug und trifft er die richtige Stelle, bestehen gute Chancen zu einem K. o. Wer einen Gegner mit einer Treffer*kombination* eindeckt, hat für diesen Augenblick vollständige Dominanz hergestellt. Während andere Boxer einen Lieblingsschlag haben und darauf aus sind, den zur rechten Zeit anbringen zu können, ist Clays Stil darauf ausgerichtet, solche Augenblicke der *Dominanz* zu erreichen. Auf dieses Ziel der schnellen Trefferkombination, bei der es keinen bevorzugten Schlag und keine bevorzugte Schlaghand gibt, ist Clays Stil ausgerichtet. Diesem Ziel dient auch das von Boxexperten so oft gerügte Niedrighalten der Hände. Es ist nicht dazu da, den Gegner zu provozieren, das wäre kindisch. Wer Clay wirklich zusieht, stellt fest, daß er die Hände nicht einfach niedrig hält, sondern in steter Bereitschaft. Sie sind ständig in Bewegung, nicht, wie es «normal» ist, zur Verteidigung erhoben, aus der heraus dann Schläge abgefeuert werden. Sie sind ständig bereit, eine Chance zu beidhändigen Kombinationen zu nutzen, ob Clay sie niedrig hält oder oben. Clays Hände sind auf Angriff und nicht auf Verteidigung eingestellt. Allerdings hält Clay die Hände sehr *oft* niedrig, und das aus einem einfachen Grund. Sie befinden sich auf diese Weise nicht im Gesichtsfeld des Gegners. Der schaut nämlich auf den Kopf und die obere Brustpartie, denn erstens will er dahin schlagen, und zweitens sind dort meistens die Fäuste des Gegners. Clay aber entzieht seine Fäuste dem Blick und macht sie so weniger berechenbar. Obwohl sie von unten einen längeren Weg zum Ziel haben, sind sie (von Clays physischer Schnelligkeit abgesehen) auf diese Weise sozusagen «psychisch schneller». Natürlich ist das gefährlich. Aber das Risiko, das damit verbunden ist, im Dienste der Vorbereitung auf einen überraschenden Angriff die Verteidigung zu vernachlässigen, kann Clay durch seine schnelle Beinarbeit und seine Fähigkeit, Schlägen mit dem Kopf auszuweichen, kompensieren. Alle Besonderheiten, für Traditionalisten: Merkwürdigkeiten, ja Fehler in Clay/Alis Stil ergeben sich daraus, daß Clay/Ali immer auf ein Ziel hinarbeitet, die plötzliche Schlagkombination, jenen Moment absoluter Dominanz im Ring. Wer das versteht, für den ergibt sich der Rest wie von selbst. Nur dieses eine Ziel gilt, alles andere wird ihm untergeordnet und ist darum *variabel*. Es ist nicht für sich wichtig, «schnell auf den Beinen» zu sein, zu «tanzen». Das kann ein taktisches Element im Dienste der Strategie sein, muß aber nicht. Darum war es Unsinn, als die Kommentatoren in der letzten Runde des dritten Norton-Kampfes den «alten Ali» auferstehen sahen. Jenes «Tanzen» war dazu da, zu *kaschieren*, daß Ali keine Chance zu einer erfolgreichen Kombination gegen Norton mehr sah. Darum war jenes «Tanzen» kein Ali-Stil, sondern Selbstparodie und Bluff. Im Kampf gegen George Foreman (wir werden da noch ausführlicher werden müssen) gab es keine einzige Tanz-Einlage, wohl aber eine Reihe eindrucksvoller Kombinationen. Wo Ali groß und überzeugend siegte, gelang es ihm, seinen Stil auf das Ziel der Kombinationen hin zu organisieren und damit – je nach Gegner – zu variieren, ja, wenn es sein mußte, scheinbar völlig umzustellen. Der Kampf gegen Liston zeigt den «beweglichen», der gegen Foreman den «unbeweglichen» Clay/Ali. Und in dieser Verbindung von Ziel und Mitteln, *Dominanz und Variabilität* finden wir im Boxstil wieder, was das Bild Muhammad Alis für viele so faszinierend gemacht hat und was Sylvester Stallone (und ein Millionenpublikum) dazu gebracht hat, sich fünf Filme lang daran abzuarbeiten.

Zweite Runde. Clay schlägt zwei zaghafte Linke, Liston kontert mit einem schnellen linken Haken an Clays Kopf. Clay weicht zu spät zurück, zeigt aber keine Wirkung. Clay tanzt nicht, steht flachfüßig. Liston ist vorsichtiger geworden, er versucht nicht mehr, mit wilden Schwingern ein Ziel zu treffen, das sich ihm ständig entzieht. Aber außer dem einen Treffer und auch mit ihm gelingt es Liston nicht, irgendwelchen Schaden anzurichten. Aber auch Clay bleibt in dieser Runde noch vorsichtig und ruhiger. Aus Gründen. Niemand könnte das Tempo der ersten Runde lange durchhalten.

Dritte Runde. Zwei Schläge von Liston, zu langsam. Clay schlägt zurück. Dann gerät Liston plötzlich in ein wahres Schlaggewitter. Eine Linke, eine Rechte, Liston bückt sich tief unter den Schlägen weg, kommt hoch, wird von einem linken Haken erwischt, Clay springt zurück in die Distanz, springt wieder vor, eine linke Gerade, ein rechter Haken zu dem wieder wegtauchenden Liston, dann ist Clay über ihm, zwei linke Haken nacheinander, noch einer, ein rechter Haken, noch einer – noch drei, vier weitere Schläge treffen, Liston taumelt für einen Moment, kommt hoch, läßt sich in die Seile fallen, wird von einer rechten Geraden getroffen, auf die eine Linke folgt, will jetzt zurückschlagen, aber Clay ist außer Reichweite, eine Linke gerät um gut zwanzig Zentimeter zu kurz, und Clay ruft ihm irgend etwas Höhnisches zu. Ein weiterer Schlag Listons geht daneben. Dann ist Clay wieder am Gegner, eins-zwei, eins-zwei-drei, eins-zwei, und einmal wird Liston dabei schwer an den Kinnwinkel getroffen. Clay springt zurück, und nun folgt wieder eine lange Sequenz, in der Liston hinter ihm her ist, ihn vergeblich zu treffen versucht. Dann aber, man weiß nicht, wie, hat Liston Clay an den Seilen, und Clay gelingt es nicht, sich herauszuwinden. Ein-, zweimal trifft Liston, dann hat ihn Clay im Clinch blockiert. Er hält Liston so fest, daß dieser schlagunfähig ist. Er will heraus, aber Clay läßt ihn nicht, hat Listons linken Arm mit seinem rechten eingeklemmt und behindert den rechten gleichfalls erfolgreich. Der Ringrichter trennt, und Clay geht zurück. Die Runde ist zur Hälfte vorbei, und der Kommentator stellt fest, daß Listons Gesicht Spuren des Kampfes aufweist, einen Riß unter dem linken Auge. Clay später: «Das Blut sprudelte nur so heraus. Ich sah sein Gesicht ganz nahe. Er wischte mit dem Handschuh über die Schramme und sah das Blut. In diesem Moment, und das könnt ihr mir glauben, sah er aus, wie er von jetzt an in zwanzig Jahren aussehen wird.»[58]

In der zweiten Hälfte gelingt es Liston, Clay dreimal zu treffen, davon einmal schwer. Clay muß einen Augenblick klammern, dann rettet er sich an die Seile, beide Hände zum Kopf erhoben – wie ein Vorspiel zu jenen späten Kämpfen, in denen er diese Stellung rope-a-dope nannte und ganze Runden in ihr verbrachte. Clays Schnelligkeit und Beweglichkeit, seine Fähigkeit, Listons Schwingern auszuweichen, lassen leicht vergessen, daß es ihm durchaus nicht immer gelang. Clay bewies schon früh und kaum bemerkt, daß er beträchtliche «Nehmerqualitäten» hatte. Wer sieht, wie es ihm gelang, die wenigen, aber harten Treffer von Liston, fast ohne Beeinträchtigung zu zeigen, einzustecken, der wird zwar nicht weniger Respekt, aber doch geringere Verwunderung zeigen, wenn er erfährt, daß Muhammad Ali gegen Ken Norton dreizehn Runden lang mit einem gebrochenen Kiefer kämpfte, und wird nicht von einer spät erworbenen Fähigkeit sprechen, wenn Ali nach einem Schlag, der ihn buchstäblich von den Füßen haut und der andere in tiefe Bewußtlosigkeit versetzt hätte, wieder auf den Füßen ist, bevor der Ringrichter zu zählen beginnt. Alles, was Muhammad Ali in späteren Kämpfen zeigte, zeigen mußte, war bereits beim jungen Clay nicht nur «angelegt», sondern die Fähigkeiten waren vorhanden und konnten genutzt werden. Nur verlangte Clays Jugendlichkeit und größere Beweglichkeit noch nicht, sie als vielleicht kampfentscheidend ins Spiel bringen zu müssen. Wer sich den Liston-Kampf in Zeitlupe ansieht, erkennt sämtliche spätere Kämpfe wieder – in Minimalsequenzen. Nicht die Elemente der Kämpfe änderten sich, sondern ihr Arrangement. Ihr Arrangement aber ist die Physiognomie des jeweiligen Kampfes.

In der vierten Runde wird Clay wieder getroffen, und er boxt gegen Ende der Runde nicht mehr so souverän wie am Anfang. Er beginnt, nervös zu zwinkern. In der Pause zur fünften Runde kommt es in Clays Ringecke zu einer plötzlichen Krise, deren Ursache zur Freude aller Sportkriminalisten nie wirklich eindeutig aufgeklärt worden ist. Angelo Dundee: «Gegen Ende der vierten Runde bekam Cassius Clay Probleme mit den Augen. Bis heute weiß niemand genau, woran es lag. Es hätte ein Einreibmittel von Listons Schultern sein können. Meine Vermutung ist, es war ein Gerinnungsmittel, das sie in seiner Ecke für die Verletzungen benutzten. Wahrscheinlich hat Cassius etwas von der

Lösung an die Handschuhe bekommen, und wenn er sich damit über die Stirn streifte, ist eine Schicht von irgendwas zurückgeblieben, das ihm dann mit dem Schweiß in die Augen gelaufen ist. Egal, was es war, er kam nach der vierten Runde in die Ecke zurück und fing an zu brüllen, ‹ich kann nichts sehen! Meine Augen!› Und irgendwas stimmte nicht. Seine Augen waren wäßrig. Er sagte, ‹die Handschuhe runter, wir gehn nach Hause!› Und man kann sich vorstellen, wie es in ihm aussah. Er war dabei, den Kampf zu gewinnen, es ging sogar leicht, und auf einmal kann er nicht mehr sehen! Ich sagte zu ihm, ‹vergiß diesen Quatsch, es geht um den Titel! Setz dich hin!›»[59]

Dundees Erklärung findet sich in den meisten Büchern, die mir bekannt sind. Aber es gibt auch eine andere, die lautet, hier habe Listons Ecke versucht, Ali zu blenden. Muhammad Ali berichtet Thomas Hauser, «ein Mann aus Philadelphia» habe ihm vor dem Kampf gegen Holmes eine Flasche mit einer gelben Flüssigkeit angeboten. Davon ein wenig auf die Handschuhe gestrichen, werde den Gegner kurzzeitig erblinden lassen. Später kamen auch Gerüchte über weitere Merkwürdigkeiten in anderen Kämpfen Listons auf. Man weiß es nicht. – Eine ganz andere Deutung gibt der Psychologe Peter Fuller dem Vorfall. In seinem Buch «Psychoanalyse des Spitzensports»[60] deutet er Clays «Erblindung» als Verschiebung einer Kastrationsangst. Clay habe im Augenblick des nahen Triumphes über einen als übermächtig hingestellten Gegner ein ödipales Schema aktualisiert. Wer weiß. – Tatsache ist, daß Ali kaum noch etwas sehen kann: daß unter den Schwarzen in Ringnähe das Blitzgerücht die Runde macht, der weiße Trainer (Dundee) habe Clay geblendet; daß Dundee sich mit dem Schwamm, den er benutzt, um Clay in den Ringpausen abzuwischen, die Augen auswischt und damit die Verschwörungstheoretiker beruhigt; daß er Clay, der schreit, «I can't see!», so daß der Ringrichter aufmerksam wird, den Mundschutz in den Mund steckt und Clay auf diese Weise ruhigstellt; daß er schließlich Clay mit den Worten: «This is the big one, daddy. Stay away from him. Run!»[61] in den Ring schubst.

In diesem Augenblick stand Clay/Alis ganze Karriere auf dem

Spiel, und wenn Ferdie Pacheco, der Ringarzt, rückblickend sagt: «Angelo war großartig. Er ist nicht einer der besten, er ist *der* beste Cornerman, den ich je gesehen habe. Und was er zwischen den Runden machte, war das beste Beispiel dafür, wie ein Cornerman eine Situation anpackt und zurechtrückt. (...) Hätte Cassius Amateure in seiner Ecke gehabt, hätte es einen Muhammad Ali nie gegeben. Der Kampf wäre aus gewesen. Liston hätte nie wieder gegen ihn gekämpft. Und als Mitglied der Muslims, die damals etwa so populär waren wie die PLO, hätte man Cassius schnell aus den Augen verloren.» Und in Richtung Cassius Clay: «Überhaupt noch zur fünften Runde anzutreten war unglaublich tapfer. Liston galt als ebenso vernichtend wie Mike Tyson, bevor Tyson geschlagen wurde. Es war so, wie wenn man jemanden geblendet und ihn gegen Tyson in den Ring geschickt hätte, und da war nun Cassius absolut brillant.»[62]

In der Tat kämpft Cassius Clay fast die gesamte fünfte Runde hindurch, ohne seinen Gegner deutlich sehen zu können. Liston schlägt, Clay klammert, Liston schlägt auf Clay ein, Clay schiebt Liston weg, hat beide Hände oben, um seinen Kopf zu schützen, aber Liston greift nicht konsequent an, er erkennt seine Chance nicht.[63] Nichtsdestoweniger trifft er ein paarmal hart. Clay geht dazu über, Liston mit dem ausgestreckten linken Arm auf Distanz zu halten. Nach dem Kampf soll Liston gesagt haben, er hätte Clay den Arm brechen können, aber der Reporter, der diese Äußerung überliefert, fügt trocken hinzu, Liston habe vergessen zu sagen, warum er es denn nicht getan habe. Kurz, es gelingt Clay, sich Liston vom Leibe zu halten, indem er mit der ausgestreckten Linken in Listons Gesicht herumfuhrwerkt, und nur einmal kommt Liston mit einem wirklich schweren linken Haken durch. Clay schlägt in der gesamten Runde ein einziges Mal.

In der sechsten Runde demonstriert Cassius Clay seine Überlegenheit. Er «tanzt» nicht, steht flachfüßig, läßt Liston eine zaghafte Gerade schlagen und deckt ihn mit Kombinationen ein. Kein Ausweichen mehr. Clay geht voran, Liston weicht zurück, Clay schlägt harte linke Gerade, weicht ein Stück zurück, fintiert, schlägt, trifft Liston nach Belieben. Die Runde ist eher langsam, um so wuchtiger fallen die Treffer aus. Und Liston, dieser große, starke, finstere Mann, man sieht es ihm an, hat Angst vor dem jüngeren, der ihn dort Schlag um Schlag besiegt, deklassiert vor aller Augen. Nach dem Kampf wird er sagen: «Das war nicht der Typ, gegen den ich angeblich kämpfen sollte. Der Junge konnte vielleicht zuschlagen!»[64] Zur siebten Runde tritt Liston nicht mehr an. Clay klettert auf die Ringbegrenzung, streckt seinen Arm in Richtung der Presseplätze: «Ich hab's euch gesagt! Ich hab's euch gesagt! Ihr wolltet mir's nicht glauben, aber ich hab's euch gesagt!»[65]

Zehn Jahre und sechs Monate später steht Muhammad Ali George Foreman gegenüber, um den Titel des Weltmeisters im Schwergewicht ein zweites Mal zu gewinnen. George Foreman wird allgemein als zweiter Sonny Liston angesehen oder, genauer: als der Mann, der Liston nur scheinbar gewesen war. Ken Norton und Joe Frazier hatte er jeweils innerhalb von zwei Runden niedergeschlagen. Man war diesmal vorsichtig mit den Prognosen, aber die Wetten standen gegen Muhammad Ali – 3:1. Vor dem Kampf macht sich Archie Moore, der frühere Weltmeister im Halbschwergewicht, der zu den Betreuern Foremans zählt, wirkliche Sorgen um Muhammad Alis Sicherheit und Gesundheit: «Archie Moore ertappte sich, den Kopf gesenkt, bei dem Gedanken, daß er für Muhammad Alis Sicherheit beten müsse. Er sagte folgendes: ‹Ich betete, und zwar in aller Aufrichtigkeit, daß George Ali nicht *umbringen* möge. Ich hatte wirklich das Gefühl, daß eine solche Möglichkeit bestand.›»[66] So zitiert aus Norman Mailers Buch über den Kampf nebst allem Drum und Dran in Kinshasa/Zaire. Die ersten Sekunden nach dem Gongschlag zur ersten Runde beschreibt Mailer so: «Der Gong! Unter einem langen, lautlosen Seufzer allgemeiner Erleichterung federte Ali durch den Ring. Er wirkte ebenso groß und entschlossen wie Foreman und tat, als sei *er* die wirkliche Gefahr.»[67]

Der erste Treffer des Kampfes ist eine harte rechte Gerade an Foremans Stirn. Mailer: «Ali tanzte nicht. Ali hüpfte auf der Suche nach einer Angriffsmöglichkeit von einer Seite zur anderen. Foreman ebenfalls. Ungefähr fünfzehn Sekunden vergingen. Und auf einmal traf Ali ihn wieder. Abermals mit einer Rechten.

Abermals mit einem harten Schlag. (...) Durch die Reihen der Pressevertreter lief ein erstaunter Ausruf: ‹Er schlägt rechte Gerade!› So überlegen hatte Ali seit sieben Jahren nicht mehr geboxt. Champions greifen andere Champions nicht mit rechten Geraden an. Jedenfalls nicht in der ersten Runde. Es ist der schwierigste und gefährlichste von allen Schlägen. Schwierig anzubringen und gefährlich für den Angreifer selbst. In fast allen Positionen hat die rechte Faust den längeren Weg, mindestens dreißig Zentimeter mehr als die linke. Boxer rechnen mit Zentimetern. In der Zeit, die eine Rechte braucht, um diese zusätzliche Distanz zu überwinden, schrillen beim Gegner alle Alarmglocken, und er leitet seinen Gegenangriff ein. Er duckt die kommende Rechte ab und donnert dem Angreifer die Linke an den Schädel. Ein guter Boxer wird daher einen gleichwertigen Gegner nur selten mit einer Rechten angreifen. Jedenfalls nicht in der ersten Runde. Er wird abwarten. Die Rechte sparsam einsetzen. Sie ist die Autorität, die den Gegner für eine Linke bestraft, die zu langsam kommt. Mit der Rechten pariert man eine Linke; mit dem rechten Unterarm blockt man den linken Haken ab und schlägt anschließend mit einer Rechten zurück. Das sind die klassischen Maximen des Boxens, die allen Sportreportern bekannt sind. Auf dieser Grundlage basiert ihre Interpretation. In Indianapolis gibt es gute Ingenieure, doch Ali ist unterwegs zum Mond. Angriffe mit rechten Geraden! Großer Gott!»[68] Unkonventionell ist dieser Schlag in der Tat für den klassischen Linksausleger. Aber Ali ist auf Kombinationen aus, und darum steht er so, wie zu Beginn dieses Buches beschrieben. Die Beinstellung ist die des Linksauslegers, aber nicht die Stellung der Hände. Ali achtet darauf, daß beide Hände möglichst gleiche Distanz zum Gegner haben. Übrigens hält Ali die Hände nicht mehr tief, dazu ist er nicht mehr schnell genug. Sie sind jetzt beide in Kopfhöhe, aber wieder nicht in klassischer Verteidigungsstellung, sondern auf Angriff aus. Man sieht es daran, daß er Foremans Geraden immer noch oft mit dem Kopf ausweicht, anstatt sie mit den Fäusten oder Armen abzuwehren, und lieber sofort zurückschlägt, als den Umweg über eine Verteidigung zu nehmen.

Dann folgt eine Kombination: rechte Gerade, linker Haken. Ali wollte zu Beginn des Kampfes Foreman eines klarmachen: daß der Kampf anders werden würde, als jeder sich vorgestellt hatte, daß es keine Neuauflage des Liston-Kampfes geben würde, jedenfalls nicht in dem Sinne, wie er allen in Erinnerung geblieben war, daß er nicht um Foreman herumtanzen würde und linke jabs abschießen. Er wollte Foreman klarmachen, daß alles, was man ihm, Foreman, in den Monaten des Trainings beigebracht hatte, Makulatur sein würde. Das Problem, mit dem sich Foremans Trainer und Betreuer herumgeschlagen hatten, «Wie stellt man Muhammad Ali?», stellte sich seinerseits nicht. Muhammad Ali stellte sich in die Mitte des Rings, und er war es, der angriff. Nicht mit leichten linken jabs, sondern mit schweren rechten Geraden. «Kurz vor dem Kampf sagte mir Ali, er habe einen Plan. Er würde rausgehn und Foreman gleich nach dem Gong mit einer rechten Geraden treffen. Ich sagte, ‹nein, Champ, nein! Du wirst tanzen›. Und er sagte zu mir, ‹nein, ich geh raus und hau Foreman eine vor den Kopf, damit er weiß, er ist in einem Boxkampf›.»[69] Archie Moore erinnert sich: «George war der gefährlichste Puncher seiner Zeit. Und am besten ist mir von dem Kampf in Erinnerung geblieben, wie Ali nach dem Eröffnungsgong losstürmte, anscheinend ohne jede Angst, und George vor die Stirn schlug. Pläne mußten geändert werden; Sie verstehn, was ich meine?»[70]

Die Runde sieht noch einige glänzende Kombinationen von Ali und vereitelte Versuche Foremans, zurückzuschlagen. Ali blockiert jede Attacke Foremans, faßt seinen Hals mit der Linken, ringt ihn herunter, behindert seine Fäuste, bis der Ringrichter trennt. Auch in dieser weniger spektakulären Technik ist Ali Meister. Doch im letzten Drittel der Runde trifft Foreman mit einem rechten Uppercut, Ali klammert, es folgen zwei weit ausgeholte rechte Haken an Alis Kopf und zwei in den Körper, Schläge der Art, mit denen Foreman seine Kämpfe in den ersten Runden zu beenden pflegte. Alis Augen sind weit aufgerissen, und es scheint ihm in diesem Augenblick klarzuwerden, worauf er sich, seinen Körper würde einzustellen haben. In dieser Runde muß Ali noch weitere schwere Treffer hinnehmen.

George Foreman ist durchaus nicht gewillt, sich mit rechten Geraden abkanzeln zu lassen. Er mag zu irritieren sein, aber er läßt sich nicht aus dem Konzept bringen. Und das Konzept besteht darin, auf Ali zuzugehen, ihn an den Seilen oder sonstwo zu stellen und dann auf ihn einzuschlagen, bis er umfällt. Ali tanzt nicht durch den Ring? Um so besser, dann entfällt die Mühe, ihn zu jagen, und Foreman kann gleich mit dem Schlagen beginnen. Noch allerdings entzieht sich Ali Foreman immer wieder, läßt sich nicht an den Seilen fixieren. Er ist noch zu schnell, zu beweglich, aber er weiß nun, daß er es nicht wird verhindern können, getroffen zu werden. Ali ist zehn Jahre älter als zur Zeit des Liston-Kampfes, und Foreman ist fünf Jahre jünger als er, und er ist stärker. Die Demonstration von Autorität zu Beginn der ersten Runde war gut, aber keine Strategie. Und während Ali Foreman kommen läßt, ihn abwehrt, kontert, in den Clinch geht, versucht er die Strategie für diesen Kampf zu erfinden.

Die zweite Runde sieht Muhammad Ali dabei, wie er ausprobiert, was George Foreman tut, wenn man ihn läßt, und Ali findet heraus, daß es immer dasselbe ist: Ali in die Seile treiben und mit schweren linken und rechten Schwingern bearbeiten, versuchen, die deckenden Arme wegzuhauen und dann in den Bauch oder an den Kopf zu schlagen. Ali läßt Foreman das an verschiedenen Orten im Ring tun, in dieser Ecke, in der gegenüberliegenden, an den Seilen, und zwischendurch macht er sich immer wieder frei mit kurzen, harten Linken und Geraden an Foremans Kopf. «Ich hatte nicht wirklich geplant, was an dem Abend passierte. Aber wenn ein Boxer in den Ring kommt, muß er sich an die Bedingungen anpassen, die er dort vorfindet. Gegen George mußte man eine langsame Gangart wählen. Hätte ich den ganzen Abend tänzeln wollen, wären mir die Beine müde geworden. Und George verfolgte mich zu dichtauf, schnitt mir den Ring ab. In der ersten Runde verbrauchte ich mehr Energie, um zu ihm Abstand zu halten, als er, um mich zu jagen. Ich war müder, als ich sein durfte, wenn noch vierzehn Runden bevorstanden. (...) Darum gab ich George von der zweiten Runde an, wovon er dachte, daß er's haben wollte. Und er schlug hart.»[71]

Zu Beginn der dritten Runde trifft Ali Foreman mit einer

Kombination aus drei Schlägen, dann weicht er mehr in die Seile zurück, als daß er sich drängen läßt. Ali hat den Stil für diesen Kampf gefunden, und der ist das genaue Gegenteil von dem, was man erwartet hatte, das Gegenteil von dem, was Ali in den Augen seiner meisten Bewunderer berühmt gemacht hat. – Vergleichen wir die Strategien der beiden Boxer. Worauf George Foreman aus ist, ist «The One Big Punch», das muß nicht der erste Schlag sein, nicht der zweite, das kann der achtundsiebzigste sein, aber kommen muß er. Darum schlägt George Foreman keine Kombinationen. Er schlägt seine Schläge nicht in Clustern, sondern nacheinander, eins-zwei-eins-zwei. Um eine größtmögliche Schlagwirkung zu erzielen, muß er fest stehen, und sein Gegner muß ein fixiertes Ziel sein. Eine solche Situation zu erreichen, dienen seine Bewegungen im Ring. Das Endziel ist der Sieg mit dem Gegner am Boden, die Dominanz durch das Ende des Kampfes, die Dominanz *nach* dem Kampf. Muhammad Ali dagegen ist auf die Schlagkombination aus, die Dominanz in einer Kampf*situation*. Eine solche Situation muß man herbeiführen, aber sie ist Teil einer Dynamik, weniger klar zu definieren als die statische Situation des einen Treffers. Ali braucht darum eine zweite Dominanz, die über die Bewegungs-*abläufe* im Ring. George Foreman sucht eine bestimmte, für ihn vorteilhafte Statik zu erreichen, Ali sucht, eine Dynamik zu dominieren. Im Kampf gegen Liston ist ihm das gelungen. Clay hatte Listons Versuche, hinter ihm herzujagen, dazu benutzt, Situationen herzustellen, in denen er Kombinationen an Listons Kopf schlagen konnte, die den schließlich resignieren ließen. Bei vielen anderen Kämpfen war ihm ähnliches gelungen. In den Kämpfen gegen Norton und Frazier nicht oder jedenfalls nicht überzeugend. Wie soll ihm das im Falle Foremans gelingen? So: «Ich gab George das, wovon er dachte, daß er's haben wollte.» Ali ließ George Foreman tun, was er vorhatte, und stellte seine eigenen Bewegungen darauf ein. Muhammad Ali war wie ein Debattenredner, dem jemand den Spickzettel seines Kontrahenten zugespielt hat und der in jedem Augenblick weiß, was der als nächstes sagen wird. Der Ort, den Muhammad Ali sich für seine Kombinationsschläge ausgesucht hatte, waren die Seile, in die George Foreman ihn zu treiben versuchen würde. Der zeitliche Ort – man würde sehen, wie lange es dauern würde, bis die Anstrengung, auf einen Menschen einzuschlagen, der nicht tut, weshalb man auf ihn einschlägt, nämlich umfallen, die Schläge Muhammad Alis an Foremans Kopf, die Hitze der Zairer Nacht und, nicht zuletzt, die mit allem verbundene Frustration George Foreman in eine Verfassung gebracht haben würden, in der eine der Kombinationen einen K. o. zur Folge haben müßte. Eine solche Strategie setzt ein größeres Maß an physischem Einsatz, man ist versucht zu sagen: Masochismus voraus als im Boxsport normalerweise üblich. Vor allem aber ein Sensorium, dem eine paradoxe Aufgabe zugemutet wird. Es muß sich einmal fürchterlichste Schläge gefallen lassen und andererseits nie in der Aufmerksamkeit erlahmen, denn nur dann führen diese Schläge nicht zur Ohnmacht. Zudem muß Ali den Zustand seines Gegners ebenso sorgsam überwachen, als gehörte er zu dessen Betreuern.

Allen diesen Aufgaben beschließt Ali sich ab der dritten Runde zu stellen. In seiner Ecke und bei den Zuschauern bricht Entsetzen aus: «Raus aus der Ecke! Raus aus den Seilen! Beweg dich, Ali! Tanze!» Aber Ali tanzt nicht, er lehnt sich weit in die Seile zurück, hält die Fäuste vor das Gesicht, die Unterarme geschlossen, deckt so Kopf, Brust, Solarplexus und Magen, und wenn es die Gelegenheit, d. h. der noch nicht ermüdete, sondern durchaus enragierte Foreman zuläßt, schlägt er aus dieser Haltung böse, harte Hiebe in Foremans Gesicht. Die Schläge, die er selbst einsteckt, erschüttern seinen Körper, links, rechts, Gerade, Haken, nicht alle bleiben in der Deckung, einige kommen durch, in den Magen, an den Kopf, durch die deckenden Fäuste ans Kinn, und der Zuschauer fragt sich ratlos, was da vorgeht, warum einer das mit sich machen läßt – ist Ali am Ende? Wo ist der «alte Ali», der «junge Clay»? Man sieht ihm gerade zu. Er ist dabei, George Foreman zu besiegen.

«Muhammad verblüffte mich; ich muß es zugeben. Er dachte weiter als ich; er kämpfte mich nieder. An dem Abend war er einfach der Bessere im Ring. Vor dem Kampf dachte ich, es wäre leicht, ihn auszuknocken. Eine Runde, zwei Runden. Ich war sehr selbstsicher. Und woran ich mich noch am besten erinnern kann, ist, wie ich losging und Muhammad die härtesten Körpertreffer verpaßte, die je ein Gegner von mir abgekriegt hat. Jeder andere auf der Welt wäre in die Knie gegangen. Muhammad krümmte sich; ich konnte sehen, daß es ihm weh tat. Und dann schaute er mich an, mit so einem Blick, wie wenn er sagen wollte, ich laß nicht zu, daß du mir weh tust. Und ehrlich gesagt, das ist das Wichtigste, was ich von dem Kampf noch weiß. Alles andere ging zu schnell. Ich war irgendwann ausgebrannt. (...) Sehn Sie, Muhammad hatte Antennen, mit denen er die schweren Punches kommen sah. Und bei dem Stil, den ich hatte, bei meiner Länge und meiner Tendenz, schwere Punches abzufeuern – egal, wie hart ich schlug, Muhammad hatte den Instinkt, auf jeden Schlag gefaßt zu sein, ihn durchzustehen und auf den nächsten zu warten. Ich war der Angreifer, daran war kein Zweifel. Ich feuerte die meisten Schläge ab, aber ich wußte, daß ich irgendwie dabei war zu verlieren. Ich weiß sogar noch, wie ich während des Kampfes dachte, Mann, der Kerl ist nicht früher mal Champion gewesen, weil ihm jemand den Titel geschenkt hat! Der ist gut.»[72]

Der Beginn der vierten Runde nimmt in einer kurzen Szene das Ende des Kampfes vorweg. Ali weicht vor Foreman in die Ecke zurück, beide Kämpfer fintieren. Dann kommt Foremans linke Gerade, einmal, zweimal, er hält die Rechte sehr niedrig, bereitet einen Aufwärtshaken vor. Plötzlich schlägt Ali über Foremans ausgestreckte Linke einen rechten Cross, schlägt eine linke Gerade und eine Rechte hinterher. Die Schläge kommen so schnell hintereinander, daß man die Zeitlupe braucht, um ihre Abfolge zu erkennen. Und sie sind wirkungsvoll. Foreman macht für einen Augenblick den Eindruck, angeschlagen zu sein. Auch zeigt sein Gesicht bereits Spuren der Schläge Alis. Der Rest der Runde ist das nun schon gewohnte Bild: Muhammad Ali, weit zurückgelehnt in den Seilen, George Foreman, die Hände weit vorgestreckt, Ali mit großen Schlägen aus dem Gleichgewicht zu bringen suchend. Immer wieder blockiert Ali dann Foreman und schiebt ihn in die Mitte des Rings, macht sich los und wechselt in eine andere Ringecke über. Und zwischendurch immer wieder linke oder rechte Gerade in Foremans Gesicht. Kurz vor dem Gong trifft Foreman Ali mit einem schweren linken Haken.

«Als Foreman», schreibt Mailer, «zur fünften (Runde) aus der Ecke kam, schien er der Meinung zu sein, wenn er bis jetzt mit brutaler Kraft nichts hatte ausrichten können, dann müsse er eben noch mehr Kraft gegen Ali einsetzen.»[73] In der Tat war alles, was er in den vorigen Runden gegen Ali an Kraft aufgeboten hatte, nichts gegen das, was er jetzt zeigte. Foreman spürte wahrscheinlich, daß seine Kräfte nachzulassen begannen, und so beschloß er, in dieser fünften Runde mit Ali fertig zu werden. Für den Zuschauer sah es so aus, als würde ihm das möglicherweise gelingen. Ali stand an den Seilen, weit zurückgelehnt, den Kopf in der Doppeldeckung, und wurde von Foremans Schlägen buchstäblich hin- und hergeschleudert. Mailer formuliert es so: «Immer wieder stählte Foreman seine Muskeln aus der Schale seiner Verzweiflung, in der sich Entschlossenheit zusammenbraute, landete Treffer, die als Abschluß von bestimmt vierzig bis fünfzig Schlägen pro Minute kamen, Schlägen, jeder einzelne hart genug, um auf ein Signal des Rückenmarks die Knie zu Wasser werden zu lassen.»[74] Niemand hätte sich gewundert, wenn am Ende dieser Runde Alis Widerstandskraft gebrochen gewesen wäre. Tatsache war, daß Ali an das Ende der fünften Runde einen der besten Angriffe des ganzen Kampfes setzte. Zunächst schlägt er eine linke Gerade, einen rechten Cross, noch eine Linke und eine Rechte, fast versuchsweise, wie um Foremans Reaktion zu testen, dann läßt er sich wieder in die Seile fallen. Foreman greift an, aber unkonzentriert, Ali schlägt aus den Seilen heraus eine Linke und eine Rechte, versucht, sich an Foreman vorbei aus den Seilen zu drehen, Foreman tritt zurück, aber auch Ali, Foreman scheint zu glauben, es sei an ihm, wieder vorzumarschieren, da greift Ali nach vorne an, vier schwere Treffer bringen Foremans Verteidigung vollkommen durcheinander, er wird zurückgetrieben, Ali tritt einen Schritt zurück, Foreman geht vor, wieder zwei Treffer, wieder zwei, davon eine krachende Rechte an Foremans Kiefer, geschlagen mit keiner geringeren Wucht als irgendeiner der Schläge Foremans in dieser

Runde. Mailer zitiert einen der Kommentatoren am Ring: «Es ist wirklich nicht zu fassen! Ich hatte gedacht, er wäre schwer angeschlagen. Ich hatte gedacht, die Treffer hätten ihn fertiggemacht. Und dann ist er plötzlich wieder da. Und macht Foreman fertig.»[75]

Nicht nur, daß Ali Foreman wahrscheinlich härter getroffen hatte, als Foreman in seiner Laufbahn bisher von irgendeinem anderen Boxer getroffen worden war, sondern vor allem, daß er ihn am Ende einer Runde, in der er, Foreman, Ali härter getroffen hatte als irgendeinen anderen Boxer zuvor, dürfte auf Foremans psychische Verfassung verheerend gewirkt haben. Die nächsten beiden Runden sind, allemal im Vergleich zur fünften, eher langweilig. Foreman hat kein anderes Rezept als das der Neurose, «mehr desselben», aber die fünfte Runde hat viel von seinen Kraftreserven aufgebraucht. Ali wußte jetzt, daß seine Strategie erfolgreich war, er hatte das Schlimmste überstanden, er mußte nur noch Fehler vermeiden und darauf warten, daß bei Foreman Ermüdung und Schwächung der Konzentration den Punkt erreichen würden, der für den Knockout nötig sein würde. Der Unsicherheitsfaktor in dieser Rechnung war allerdings, daß natürlich auch Alis Kräfte abnahmen. Die fünfte Runde hatte auch ihm Äußerstes abverlangt. Kein Wunder also, wenn die nächsten beiden Runden weitaus weniger dramatisch waren als die voraufgegangenen. Nahezu während des gesamten Kampfes übrigens redet Muhammad Ali auf George Foreman ein. Was er sagt, ist nicht überliefert, aber man kann an seinem Gesicht zu Beginn der sechsten Runde ablesen, daß es Sätze voller Hohn und Verachtung sind. Aber am Ende der siebten Runde kann Foreman Ali noch mit einem wuchtigen Schlag in den Magen und einem uppercut ans Kinn treffen. «This man, Muhammad Ali, is *unreal*», sagt einer der Kommentatoren.

In der achten Runde beendet Muhammad Ali den Kampf. Vor dem Gong gibt es eine winzige Posse. In den USA ist es üblich, daß junge Frauen in den Pausen Schilder mit der Kennziffer der nächsten Runde durch den Ring tragen, in Kinshasa sind es kleine Tücher, fast wie große Taschentücher, und die Frau, die die Ankündigung der achten Runde trägt, hält das Tuch falsch und zeigt so das Zeichen für «unendlich».

Ali beginnt die Runde mit drei scharfen Linken an Foremans Kopf, nacheinander, mit kurzen Abständen dazwischen. Foreman schlägt einen Haken, der weit danebengeht, der Schwung reißt ihn mit, an Ali vorbei, fast fällt Foreman über die Seile. Dann geht der Kampf weiter wie in den Runden zuvor. Die Runde zieht sich dahin. Noch dreißig Sekunden. Ali steht wieder in der Ecke, schlägt eine kurze Kombination, Foreman greift langsam an, steckt einen Schlag ein, verfehlt einen linken Haken, wieder zieht ihn der Schwung an Ali vorbei, er wird getroffen, Ali dreht sich aus der Ecke, Foreman ist an den Seilen, Ali trifft mit einer Rechten, Foremans Arme bewegen sich unkoordiniert, er taumelt fast auf Ali zu, ein rechter Haken, ein verheerender linker Haken, der Foremans Kopf herumreißt, eine rechte Gerade mitten ins Gesicht, Foreman beginnt zu fallen, er fällt langsam, mit dem Armen Halt in der Luft suchend, an Ali vorbei, der folgt schlagbereit der Bewegung, zwei Sekunden lang fällt Foreman. Dann liegt er am Boden und wird ausgezählt. «That was no phantom-punch! That was no phantom-punch! And he is down and out!» Muhammad Ali hat seinen Titel zurückgeholt. – «Nach dem Kampf war ich eine Weile verbittert. (...) Schließlich wurde mir klar, ich hatte gegen einen großen Champion verloren, wahrscheinlich den größter aller Zeiten (...) und jetzt bin ich einfach stolz darauf, ein Teil von Alis Legende zu sein. Wenn mein Name ab und zu mit seinem zusammen genannt wird – das genügt mir. Das, und dann hoffe ich noch, daß Muhammad mich leiden kann, denn ich kann ihn gut leiden. Ich hab ihn sehr gern.»[76]

Manila,
XIII & XIV

«Erbarmen, Herr! Er schilderte
tiefste Qual, schwersten Kampf,
der keinem meiner Freunde
je beschieden sei!»

Philoktet, Chor

Runde dreizehn. Beide Boxer in Ringmitte, ein kleiner Schlagwechsel. Ali geht kurz in die Seile zurück, dann schiebt er Frazier in die Ringmitte. Ali bewegt sich auf den Zehenspitzen, hält die Fäuste und Unterarme fast entspannt in Gürtelhöhe. Frazier kommt, er duckt sich, kein Schlag, er bereitet einen linken Haken vor – eine harte Rechte an Fraziers Kopf, Frazier krümmt sich nach vorn, Ali fällt fast auf ihn, schiebt ihn weg, Frazier geht wieder nach vorn, duckt sich, ein linker Haken Alis geht daneben, Frazier schlägt, ein-, zwei-, dreimal, dann umarmen sich die beiden erschöpften Boxer, doch Ali schiebt den schweren Joe Frazier erneut von sich weg. Ali steht jetzt aufrecht, Standbein-Spielbein, läßt die Arme hängen, Frazier kommt und hebt schützend die Fäuste vors Gesicht. Ali schlägt, macht ein paar Schritte an Frazier vorbei, schlägt eine Linke, die Frazier abwehrt, dann trifft er mit der Rechten. Fraziers Mundschutz fliegt in hohem Bogen davon. Noch eine Rechte, eine Linke, eine Rechte. Ali steht auf den Zehenspitzen, er tanzt nicht, aber schlägt aus der Bewegung heraus.

Man kann eine Maschine nicht belügen, nicht zum Narren halten, hatte José Torres geschrieben, und Frazier war eine Kampfmaschine. Frazier war nicht auf den einen entscheidenden, den «Big Punch» aus, der gelang ihm nur zuweilen und war ihm gegen Ali in New York gelungen. Fraziers Strategie war, Muhammad Ali zu zermürben, fertigzumachen, und es ist etwas anderes, ob man, wie Foreman, vergeblich auf einen Gegner einschlägt oder ob diese Schläge Teil dessen sind, was man will.

Für Foreman war jeder Schlag, der Ali nicht umlegte, eine Niederlage, für Frazier war jeder Schlag, der auf Alis Körper landete, ein Stück Sieg. Ali mußte Foreman beweisen, daß der den Schlag, auf den er hoffte, nie würde landen können, daß er, Ali, alles einstecken würde, was Foreman auf ihn abfeuern konnte, und am Ende Foreman immer noch hart und präzise treffen. Alis Kombinationen hatten Frazier im ersten Kampf nicht bezwingen können; im zweiten hatten sie mehr Punkte eingebracht – das war alles gewesen. Muhammad Ali hatte Joe Frazier nie dominieren können. Wenn er es jetzt tun wollte, müßte er in den letzten verbliebenen Runden, innerhalb der nächsten nicht einmal mehr neun Minuten, das Bewegungsschema der bisherigen zweiundvierzig Runden Muhammad Ali vs. Joe Frazier ändern. Er mußte Frazier jagen. Ali konnte das tun, weil Frazier erschöpft war. Ali mußte das tun zu einem Zeitpunkt, an dem er selber erschöpft war, müder, zerschlagener allemal als in Zaire, mehr als jemals in seinem Leben.

Ali trifft mit einer rechten Geraden, einem linken Haken. Frazier schlägt vorbei, Ali schlägt vorbei. Ali ist in der Ecke, Frazier fällt fast auf ihn zu, Ali zieht ihn zu sich, und Frazier kippt beinahe durch die Seile. Der Ringrichter trennt. Ali geht auf Frazier zu, Frazier hebt die Hände, Ali trifft mit der Rechten. Links, rechts, links, ein rechter Haken geht vorbei, ein linker trifft. Noch ein linker Haken, Frazier sucht Deckung im Clinch, der Ringrichter trennt. Ali schlägt Fraziers Fäuste beiseite, trifft, trifft mit der Linken, der Rechten – Clinch, der Ringrichter trennt.

Nahe bei Ali, in den Seilen, das war Fraziers Angriffsposition in den vergangenen Runden gewesen, jetzt rettet er sich dorthin. Der Ringrichter trennt. Eine rechte Gerade, eine linke, noch eine rechte. Frazier taumelt. Eine Linke trifft, eine Rechte geht daneben, Frazier versucht einen weiten Haken, springt in Alis Konter hinein. Ali schlägt nicht ununterbrochen. Er muß Atem holen, für jeden Schlag irgendwoher Kräfte mobilisieren. Er schlägt, schnell, wuchtig, immer Kombinationen von zwei, drei, mal vier Schlägen. Immer wieder stellt er sich Frazier zurecht, der in den Clinch zu entkommen versucht. Gong.

Runde vierzehn. Anfänglich sieht es so aus, als könne Ali nicht fortsetzen, was er in den letzten beiden Runden begonnen hat, aber dann, nachdem die Runde halb vorüber ist, beginnt die Destruktion Joe Fraziers aufs neue. Ali trifft Frazier nach Belieben. Noch eine Minute in dieser Runde. Ein rechter Haken, ein linker, eine rechte Gerade, ein linker Haken, eine linke Gerade, ein weit ausgeholter rechter Haken, Frazier weicht zurück, Ali folgt ihm, linke Gerade, rechte, Ali setzt an Frazier vorbei, trifft ihn mit einer Rechten, mit einer Linken, ist jetzt an der anderen Seite des Ringes – wie ein Gewitter ist er über Frazier hergefallen. Und so ist der Rest der Runde. Immer wieder trifft Ali Fraziers Kopf mit wuchtigen Schlägen, und Joe Frazier ist nicht mehr in der Lage, zu parieren. Manchmal versucht er zu kontern, aber die Schläge gehen weit daneben. Noch 40 Sekunden. Ali schlägt eine Rechte, Frazier wirft sich zur Seite, beide Boxer drehen, Ali trifft mit einer linken, dann einer rechten Geraden Frazier mitten ins Gesicht. Noch eine Linke. Frazier schlägt eine Linke zurück, Ali geht mit einem rechten Cross dazwischen, trifft Frazier schwer. Dann sind beide Boxer erschöpft, hängen aneinander, der Ringrichter trennt, Frazier versucht einen linken Haken und verfehlt Ali um wenigstens dreißig Zentimeter, er stolpert an Ali vorbei. Frazier kann Ali nicht mehr deutlich genug erkennen, seine Augen sind geschwollen. Noch zwölf schwere Kopftreffer muß er in dieser Runde einstecken. Zur fünfzehnten Runde tritt Joe Frazier nicht mehr an. Sein Trainer Eddie Futch stoppt den Kampf. Frazier kann kaum noch etwas sehen, sein linkes Auge ist zugeschwollen, und er sieht Alis Rechte nicht mehr kommen.

Als der Gong zur fünfzehnten Runde ertönt, erhebt sich Muhammad Ali zur letzten Runde. Dann erkennt er, daß der Kampf vorbei ist. Er hebt den Arm, dann bricht er zusammen. Als er wieder zu sich kommt, spricht er in ein hingehaltenes Mikrophon: «I want to retire, this is too painful, this is too much work.»

«In Manila hab ich ihm Schläge verpaßt, mit denen hätte man ein Haus einreißen können. Und er hat sie eingesteckt. Er steckte sie ein, und er schlug zurück, und davor bekam ich Respekt. Er war ein Fighter. In Manila hat er mich ziemlich durchgeschüttelt; er hat gewonnen.» – «Ich glaube nicht, daß zwei große Männer je solche Kämpfe miteinander gehabt haben wie ich und Joe Frazier. Einen vielleicht. Aber dreimal – da waren wir die einzigen. Von allen, gegen die ich geboxt habe, war Sonny Liston der furchteinflößendste; George Foreman war der stärkste; Floyd Patterson war der versierteste Boxer. Aber mein schwerster und härtester Gegner war Joe Frazier. Er hat das Beste aus mir herausgeholt, und unseren besten Kampf hatten wir in Manila. In dem Kampf, da spürte ich, daß etwas mit mir geschehen ist. Etwas anderes, als ich es in früheren Kämpfen gespürt hatte.» Nach dem Kampf wiederholte Ali, was er in der Pause zur zwölften Runde gesagt hatte. «Later, he said that fight was the closest thing to death he knew of. And he was right.»

Nicht also das Vergafftsein ins Urtümliche allein, das die anfäng-
liche Ziererei so ganz von der Hand weisen wollte und das doch
zum Zuschauen bei Prügeleien gehört wie das Amen in die Kir-
che, aber eben unterschiedslos uns alle Schläger angaffen ließe,
war es, das uns vor den nächtlichen TV-Schirm trieb, als Muhammad Ali auf ihm zu sehen war. Diejenigen, die im Archaischen
aufgehen, die Tysons aller Gewichtsklassen, sind nur für den
regressiven Kick gut und für die Frage, die man dann doch bald
aus den Augen verliert: wer der amtierende Champion sei?

Wäre denn also die Faszination, die der Stil Muhammad Alis
ausübt, eine durchaus zivilisatorische? Der Triumph der allseitig
entwickelten Persönlichkeit über das Archaische nach dem Muster Theseus vs. Minotaurus? Nein, ich glaube, auch diese Möglichkeit müssen wir ausschließen. Denn im Grunde sind ja die
Listons, Foremans, Fraziers und Tysons weit eher das, was man
eine Persönlichkeit nennt, eben weil sie einen klaren, ihnen zu-
rechenbaren, wiedererkennbaren Stil haben, als Muhammad
Ali, die, um das Wort zu verwenden, mit dem Ernst Bloch das
Komponieren Igor Strawinskys gekennzeichnet hat, «Maske,
welche immer anders kann».

Ich glaube, daß die Faszination, die von Muhammad Ali aus-
ging, eher etwas mit dem Blick auf einen Typus zu tun hatte,
den wir im Grunde noch gar nicht kennen, der sich in ersten
Zügen gegenwärtig nur andeutet, dem aber wahrscheinlich die
Zukunft gehört. Um das zu erläutern, muß ich eine kleine an-
thropologische Spekulation anstellen.

In welcher Art Sozialverband Menschen auch leben, eines müssen sie immer tun, sie müssen ihre Triebansprüche und die
Ansprüche, die der jeweilige Sozialverband an sie stellt – die
«Kulturforderungen», um einen Ausdruck Freuds zu verwenden –, koordinieren. *Eine* der Möglichkeiten, dies zu tun, ist, In-

dividualität auszubilden. Individualität bedeutet, die Widersprüche von Triebansprüchen und Kulturforderungen sozusagen in der eigenen Brust auszutragen. In der Regel führt dieser Versuch zur Ausbildung von Neurosen, die aber nicht bedeuten, daß der Versuch mißlingt, sondern die die Begleiterscheinungen dieses Versuches sind, der eben selten oder nie unproblematisch gelingt. Ein anderes Ergebnis des Versuchs, die Vermittlung von Triebansprüchen und Kulturforderung als Individuum zu bewältigen, ist die Herausbildung einer individuellen Biographie, individueller Charaktereigenschaften und so weiter. Was wir den Charakter einer Person nennen, ist ja das Ergebnis der psychischen Differenzierungen, die sich aus den je individuell erlebten psychischen Krisen ergeben, in denen Triebansprüche und Kulturforderungen in eine wie immer prekäre Balance gebracht werden.

Nun ist, wie gesagt, Individualität nur eine der Möglichkeiten, als Mensch in einem Sozialverband zu leben – es gibt andere. Da wir nun gewohnt sind, unsere Lebensform als Individuen besonders zu schätzen – es steckt in dieser Selbstbewunderung ein Stück Kompensation unseres gewöhnlichen neurotischen Elends –, pflegen wir es abschätzig zu meinen, wenn wir von irgendwelchen Menschen sagen, sie besäßen keine Individualität. Wir besitzen auch kein Wort, mit dem wir denn diese Einzelwesen dann noch bezeichnen könnten. Ich werde darum – eigentlich unzulässigerweise – den Begriff der Individualität ausdehnen und synonym mit «Einzelwesen» verwenden. Für das klassische Individuum muß also ein Beiwort her – ich schlage vor, es das «*balancierte*» zu nennen.

Wir erleben nun die Dominanz des balancierten Individuums zu verschiedenen Zeiten. Historisch tritt es in der «Odyssee» zum ersten Mal vor uns hin – zu einem gewissen Verständnis seiner selbst gelangt es aber erst später: In den griechischen Tragödien erleben wir in der «Orestie» sein Heraustreten aus archaischem Hintergrund, in der «Antigone» seinen moralischen Triumph, in den «Bacchen» das Bewußtsein seiner Gefährdung. – Im 16. und 17. Jahrhundert erleben wir, wie sich das balancierte Individuum neu erfindet – wir können einen der Orte im Raum und in der Zeit recht gut benennen: um 1588 auf Schloß

Montaigne. Ein anderer: die Gedichte Paul Flemings während des Dreißigjährigen Krieges. Nicht, daß in der Zeit zwischen dem Ende der Antike und dem Beginn der Neuzeit in der Renaissance keine balancierten Individuen in der Welt zu finden gewesen wären, aber sie bildeten nicht den vorherrschenden Typus. Die Frage nach dem Warum detailliert zu beantworten überstiege nicht nur den Rahmen dieser kleinen Spekulation, darum nur lakonisch soviel: Es hat sich nicht immer gelohnt, ein balanciertes Individuum zu sein – die Briefe Abaelards können auch so gelesen werden. Andersherum: Von einem bestimmten Zeitpunkt an wird die Mühe, eines zu sein, gesellschaftlich belohnt. Die Tugenden des balancierten Individuums – Fähigkeit zum Triebaufschub, Um- und Voraussicht, Fähigkeit zur Arbeitsteilung, Abstraktionsvermögen, Sparsamkeit, selbstauferlegte Disziplin – werden gefragt, und man hat Erfolg mit ihnen. Der Triumph des Kapitalismus und der europäischen Zivilisation und der Siegeszug der balancierten Individualität gehen Hand in Hand. Die Tugenden des balancierten Individuums sind die spezifisch modernen Tugenden. Mit ihnen kann man einen Großbetrieb, sie es ein Unternehmen oder ein Krankenhaus, ausbauen, die Logistik eines Krieges planen, einen Sozialstaat konzipieren, einen Roman schreiben und ein KZ leiten.

Balancierte Individualität ist historisch erlernt und muß in jedem Einzelfall – individuell – neu erlernt werden. Kollektiv wie individuell ist die Daseinsweise als balanciertes Individuum, einmal gelernt, aber alles andere als gesichert. Sowohl einzelne wie Kollektive können auf einen vorbalancierten Zustand regredieren. Das geschieht, wenn entweder die Belastungen, die damit verbunden sind, Trieb- und Kulturforderungen balanciert zu halten, zu groß werden oder wenn es sich nicht lohnt bzw. die regressive Wendung belohnt wird. So können in einer Masse die bisherigen Individuen ihre Binnensteuerung aufgeben zugunsten eines realen oder imaginierten Führers, dem sie sich – «Befiehl, wir folgen!» – ergeben und damit auch ein Stück Binnendifferenzierung aufgeben: Der Wille des Führers tritt an die Stelle des eigenen Gewissens.

Das Wort «Regression» signalisiert, daß hier eine frühere

Stufe betreten wird, und das stimmt insofern, als im Falle des einzelnen diese frühe Stufe verlassen wird, wenn es zur Ausbildung balancierter Individualität kommt, und es stimmt mit ziemlicher Sicherheit auch historisch. Nur ist unter dieser «früheren Stufe» nicht eine zu verstehen, die etwa das Problem der Vermittlung von Triebansprüchen und Kulturforderungen nicht gekannt hätte – auf ihr ist es nur anders gelöst worden. Nämlich im Ritual. Wo das balancierte Individuum vorherrschend ist, hat es selbst dafür zu sorgen, daß seine Triebbefriedigungen sozialverträglich sind. Versagt es dabei, wird es bestraft, oft aus dem Verkehr gezogen, d. h. getötet oder eingesperrt. In der «Stufe davor» sorgte der Sozialverband selber dafür, daß ihn die Mitglieder, aus denen er bestand, nicht bedrohten, indem er kollektiv verbindliche Verhaltensweisen vorgab, in denen Aggressionen und sexuelle Wünsche entweder kontrolliert befriedigt werden konnten oder für ihre Nichtbefriedigung zureichende Substitute zur Verfügung gestellt wurden. Auch dort gibt es Strafen, aber sie folgen anderen Regeln und haben einen anderen Sinn. Wo die Vermittlung von Triebansprüchen und Kulturforderungen keine Sache des Individuums, sondern eine des Sozialverbandes ist, ist das Individuum in weit größerem Maße Teil dieses Verbandes – ich schlage vor, es das «*assoziierte*» zu nennen. Gesellschaftlich wie individuell trägt das balancierte das assoziierte sozusagen stets in sich, in seiner Fähigkeit zur Regression eben. Aber auch im Fortbestehen der großen und kleinen Religionen, des Mannschaftssports, in den die Neurosen gerne begleitenden Macken, Ticks und Zwangshandlungen, auf deren Verwandtschaft mit den Ritualen der Primitiven und Religiösen Freud mehrfach hingewiesen hat.

Es stellt sich nun die Frage, ob das balancierte Individuum als der im Vergleich mit dem assoziierten avanciertere Typus das bislang historisch letzte Wort geblieben ist. Ich glaube, daß man die Frage wird verneinen müssen. Wir können nämlich beobachten, daß es sich in unserem Jahrhundert immer weniger lohnt, die Tugenden eines balancierten Individuums auszubilden und die damit verbundenen Leiden und Lästigkeiten auf sich zu nehmen. Das Zusammenwirken zweier an sich nicht direkt ursächlich miteinander verbundener Tendenzen scheint mir das zu bewirken. Die eine besteht in der zunehmenden Komplexität der gesellschaftlichen Abläufe, in dem, was Norbert Elias die «Gesellschaft der langen Wege» genannt hat. In ihr kommt das balancierte Individuum gewissermaßen nicht mehr auf seine Kosten. Seine spezifische Leistung, mit dem Triebverzicht selbst zurechtzukommen, bis an sein Lebensende tassohaft zu leiden, wird von der Gesellschaft nicht mehr honoriert. Immer weniger gesellschaftliche Abläufe kann das Einzelwesen unter den Begriff der «persönlichen Leistung» bringen. «Die Menschen werden nicht nur objektiv mehr stets zu Bestandstücken der Maschinerie geprägt, sondern sie werden es auch für sich selber, ihrem eigenen Bewußtsein nach zu Werkzeugen, zu Mitteln anstatt zu Zwecken. Der Gedanke an die objektive Vernunft des Ganzen entschwindet der zugleich geschärften und resignierten Vernunft aus dem Blickfeld. (...) Die Menschen sind nicht nur einem ihnen Äußerlichen, Drohenden überantwortet, sondern dies ihnen Äußerliche ist zugleich eine Bestimmung ihres eigenen Wesens, sie sind sich selbst äußerlich geworden.»[77]

Thomas Mann hat in seinem Joseph-Roman den Triumph des Typus «balanciertes Individuum» beschrieben, aber die Artistik dieses Buches zeigt, daß es zu einem Zeitpunkt geschrieben worden ist, an dem man dessen Geschichte überblicken konnte. Anders als der «Wilhelm Meister» ist der «Joseph» schon nicht mehr Teil dieser Geschichte, ein Wissen, das der «Felix Krull», seine ironische Fußnote, einlöst.

Die andere Tendenz ist die zur zivilisatorischen Destruktivität. Das Selbstbild der modernen Zivilisation ist von Thomas Hobbes im Bild des «Leviathan» entworfen und von Sigmund Freud im «Unbehagen in der Kultur» triebtheoretisch fundiert worden. Die Gemeinschaft, der Staat, entwaffnet den einzelnen und monopolisiert die Gewalt. Der einzelne transformiert seine aggressiven Strebungen in Schuldgefühle und Gewissen. Grausamkeiten, Exzesse der Gewalt, sind nach diesem Selbstbild antithetisch zur Zivilisation. Die erste große Erschütterung dieses zivilisatorischen Selbstbildes ist der Erste Weltkrieg gewesen, Auschwitz war seine Widerlegung. In Auschwitz wurde ein Massaker, dem alle zivilisatorische Rationalität fehlte, unter Beanspruchung aller zivilisatorischen Tugenden (Leidenschaftslosigkeit, Umsicht, Pflichterfüllung) verübt. Auschwitz als bizarrstes und schrecklichstes Extrem hat zusammen mit anderen Verbrechen dieses Jahrhunderts[78] die Grundsicherheiten zerstört, die eines der Hauptversprechen der Zivilisation und der Anstrengungen, sich zum balancierten Individuum auszubilden, gewesen sind.

Leo Löwenthal hat bei seiner Analyse der Berichte aus deutschen Konzentrationslagern[79] darauf hingewiesen, daß der Terror in den Lagern dazu führte, die ihm unterworfenen Individuen zu «fragmentieren», ihr Handeln zu einer Abfolge bedingter Reflexe zu machen. Walter Benjamin hat die Schwierigkeiten analysiert, die der «moderne» Mensch damit hat, das, was ihm widerfährt, als «Erfahrung» wahrzunehmen – was er erlebt, «stößt ihm zu» wie eine Abfolge von Schocks. Norbert Elias' Analyse der «Gesellschaft der langen Wege» läuft darauf hinaus, daß die Menschen immer weniger überblicken können, was ihr Handeln ausmacht, sie erkennen nicht mehr Anfang und Ende, Ziel und Erfolg werden leere Kategorien. Es wäre abwegig, zu behaupten, alles das wäre vom selben Schlag. Welten trennen das Grauen des Konzentrationslagers von den Frustrationen des Alltagsmenschen. Es wäre auch eine unangemessene Inanspruchnahme einer historischen Metaphysik, deren Untergang mit dem des balancierten Individuums einherzugehen scheint, wenn ich behauptete, das alles seien Ausprägungen ein und desselben geschichtlichen Trends. Umgekehrt: Die gesellschaftlichen Veränderungen, die historischen Ereignisse, die Unausweichlichkeiten technischen Fortschritts und die Kontingenz politischen Geschehens haben zusammengewirkt und das hervorgebracht, was uns heute als einheitlicher Vorgang, die Zerstörung des balancierten Individuums nämlich, erscheint.

Die Regression nun in einen «vorindividuellen» Zustand oder, um bei der eigenen Terminologie zu bleiben, die in den des assoziierten Individuums ist *eine* der Antwortmöglichkeiten auf die Krise des balancierten Individuums. Die Umorganisation von Politik in bloßes Bandenwesen in einigen Ländern dieser

Welt scheint zunächst dafür zu sprechen, daß das assoziierte Individuum die Chance haben könnte, eine Renaissance zu erleben. Aber täuschen wir uns nicht. Das Mitglied einer serbischen, kroatischen oder anders lokalisierten Mörderbande hat ebenso wie das einer Gang in Frankfurt oder Los Angeles im Grunde wenig vom Stammeskrieger. Auch ist die Leistung, sich an Erfordernisse unserer rapide komplexer werdenden gesellschaftlichen und technischen Einrichtungen anzupassen, nicht durch Regression zu schaffen. Durch unsere Gegenwartsgesellschaft bewegt man sich in der Regel wohl als Mensch in der Masse, aber nicht als in ihr aufgehendes assoziiertes Individuum. Der der Gesellschaft der langen Wege Angepaßte ist, was ich ein «*dissoziiertes* Individuum» nennen möchte. Das dissoziierte Individuum versinkt nicht in archaischem Taumel, sondern ist mit ungeheuer differenzierten Fähigkeiten ausgestattet. Wer einmal einem Erwachsenen, der noch nie in seinem Leben auf einem Flugplatz gewesen ist, versucht hat zu erklären, was man alles tun muß, um irgendwann in der Maschine zu sitzen, bekommt einen Eindruck von der Leistungsfähigkeit des modernen Menschen. Der Wilde, der den Abdruck eines Gazellenhufs noch auf härtestem Stein erkennen kann, ist ein Fachidiot gegen den Gegenwartsmenschen, und die Flexibilität, auf im Grunde unüberschaubaren Schauplätzen und in Institutionen unterschiedlichster Art zurechtzukommen, deren Sinn und Funktion gleichermaßen rätselhaft bleiben müssen, ist ungeheuer. Das Leben des dissoziierten Individuums ist – nicht vollständig, aber doch zu großen Teilen – eine Abfolge von bedingten Reflexen. Nicht von erlernten Ritualen, sondern von erworbenen situationsabhängigen Kleinstreaktionen.

Es kann sein, daß es in ihnen aufgeht. In diesem Falle wäre die Aufgabe, Triebansprüche und Kulturforderungen zu vermitteln, wieder an das Kollektiv gefallen. Wie diese Aufgabe anders als durch Regression ins Ritual bewältigt werden kann, ist uns nicht unbekannt. Die soziologischen Stichwörter hierzu sind «repressive Entsublimierung» und «Erlebnisgesellschaft». Aber das dissoziierte Individuum erschöpft sich genausowenig in den beiden Extremformen des «Rädchens in der Maschine» und des

Reflexkillers (am Spielautomaten vereinigen sich beide Typen), wie das balancierte nur *einen* Neurosentyp aufweist. Wir stehen am Anfang, überblicken läßt sich das Feld noch nicht, und es kann auch sein, daß mit dem Allgemeinwerden des Typus «dissoziiertes Individuum» auch das Bedürfnis und die Fähigkeit zu einem solchen Überblick verschwinden. Entscheidend ist aber für alle Spielarten des dissoziierten Individuums, daß sie nicht das ausbilden, was man im Falle des balancierten eine Identität nennt. Das dissoziierte Individuum hat keinen «Kern», aus dem heraus es sich versteht. Es bewegt sich gleichsam flächig zwischen verschiedenen Identitäten. Dieser Satz ist natürlich eine Hilfskonstruktion, da er ein «es» unterstellt, das sich im Grunde doch gleichbleibt und nur maskiert. Das ist aber nicht gemeint. Das Urbild des dissoziierten Individuums ist der sich ewig wandelnde Proteus, und daß Goethe im zweiten «Faust» seinen künstlichen Menschen, den Retorten-Homunculus, mit Proteus vereinigt, ist eine der tiefsinnigsten Allegorien der Literaturgeschichte.

Der Psychotiker zum Beispiel kann solche proteushaften Züge tragen, und wir werden im Psychotiker eine der Verkörperungen des modernen (vielleicht: postmodernen) dissoziierten Individuums erkennen. Er ist nicht mehr der Ausnahmetyp, der dort entsteht, wo die Herausbildung des balancierten Individuums mißlang, sondern ein Spezialfall der Normalität. Hierhin gehört natürlich auch die immer mehr ins Wahrnehmungsfeld der Psychiatrie und Psychologie geratene sogenannte «multiple Persönlichkeit», in der sich viele, manchmal Dutzende unterschiedlicher Identitäten und Charaktere, die voneinander keine Kenntnis haben und zwischen denen der Multiple hin- und herspringt, vereinigen – oder eben nicht vereinigen, sondern nebeneinander existieren. Aufgrund seiner Proteushaftigkeit steht das dissoziierte Individuum auch nicht in vollständigem Gegensatz zum balancierten. Eine seiner Identitäten kann durchaus die des klassischen balancierten Individuums sein – Woody Allens «Zelig» ist eine präzise Fallstudie dieses Typs.

Nun haben die drei Typen der Individualität – das assoziierte, das balancierte und das dissoziierte Individuum – jeweils eine vorherrschende Spielart und etwas, das ich einen «Oppositionstyp» nennen möchte. Im Falle des assoziierten Individuums stehen sie einander direkt gegenüber: die Teilnehmer am Ritual und der Taktgeber. Die im Ritual vereinigte Masse braucht den, der außen steht und darauf sieht, daß alles richtig geschieht. Das ist der Schamane, der Priesterkönig, der Großinquisitor. Er ist Teil des Rituals, da auch er ihm unterworfen ist, und ist es nicht, weil er in ihm nicht aufgehen kann. Er muß also schon Züge des balancierten Individuums ausbilden, weil es in ganz anderer Weise auf ihn ankommt als bei allen anderen und weil das Ritual für ihn nicht ganz das leisten kann, was es für alle anderen leistet. Historisch sehen wir die Ausbildung balancierter Individualität in Persönlichkeiten wie dem Aztekenkönig Montezuma oder dem Inquisitor Bernardo Gui.

Die vorherrschende Spielart des balancierten Individuums ist der an die Gesellschaft Angepaßte – das kann der brave Bürger und Beamte sein, auch der kreative Unternehmer oder Politiker, aber durchaus auch der, der fast weise persönlichen Einsatz und Einsicht in das, was die Gesellschaft zu geben vermag, abzuwägen, der die Balance-Leistung als hohe Lebenskunst vorzuführen imstande ist – «Mach's einer nach und breche nicht den Hals!» –, ich meine den Typus «Goethe». Der Oppositionstyp zum braven Bürger wie zum Typus Goethe ist der Exzentriker. Der Exzentriker opponiert gegen die kollektiven Anforderungen, verachtet demonstrativ die Balance-Leistung, haßt den Goethe-Typus und wird, wenn er Glück hat, «Euphorion» genannt. Systemtheoretisch gesprochen ist seine Aufgabe, jene Grenze, gegen die er opponiert, durch seine Opposition sichtbar zu machen und damit allen anderen zu helfen, sie nicht versehentlich zu überschreiten.

Wie der Oppositionstyp des assoziierten Individuums bereits in den Bereich des balancierten hineinreicht, so kündigt sich das dissoziierte Individuum im kulturellen Umfeld des balancierten darin an, daß der Oppositionstyp zu seiner künftig vorherrschenden Spielart das Muster der Exzentrizität, das ihm die Normalität gerne zuschreiben will, entschieden zurückweist. Es handelt sich um den Größenwahnsinnigen. Er verachtet wie der Exzentriker die normale Variante seines Typs, aber seine Abneigung richtet sich nicht wie beim Exzentriker vor allem gegen die kollektiven *Normen*, sondern gegen das Kollektiv selbst und seine Repräsentanten. Er haßt den «Durchschnittsmenschen» einerseits, das «entindividualisierte» Bündel bedingter Reflexe andererseits. Oft ist der Größenwahnsinnige Psychotiker mit Allmachtsphantasien, in seltenen Fällen hat er mit seinem Größenwahn recht. In diesem Fall heißt er zum Beispiel Karl Kraus, Theodor W. Adorno oder Arno Schmidt und wird es verächtlich finden, durch Exzentrizität sich der Normalität als Ausnahme zu unterwerfen. Wie der Psychotiker sich seinen Größenwahn dadurch plausibilisiert, daß er sich für Napoleon hält, tritt der Größenwahnsinnige, der wirklich ein Genie ist, oft im Namen von Traditionen auf, für die er zu sprechen und denen er zu dienen vorgibt. In der Regel ist sein Verhältnis zu diesen Traditionen aber problematisch und gebrochen. Äußerlich durchaus verwechselbar mit dem traditionellen Bürger, verachtet er es, vor allem er selbst zu sein. Kennzeichnend für ihn ist, ist er ein Schriftsteller, der nervöse Gebrauch, den er von der ersten Person Singular macht – das kann von der gänzlichen Vermeidung (Adorno) bis zum scheinbar inflationären Gebrauch (Schmidt) gehen. In beiden Fällen aber ist der Gebrauch des Wortes «Ich» eine Maske, die aufgesetzt wird, um Kenntlichkeit zu erzeugen. Stets mißlingt diese Geste, manchmal soll sie mißlingen.

Ende der anthropologischen Spekulation. Vielleicht hat man es erraten, worauf ich hinauswollte. Ich denke, daß Muhammad Ali eine Kreuzung des proteushaften dissoziierten Individuums mit seinem Oppositionstyp ist. Das gilt für sein Verhalten außerhalb wie innerhalb des Boxrings. Aber während der «öffentliche Muhammad Ali» denjenigen, die ihn zu «fassen» versuchten[80], große Schwierigkeiten machte, dachte man, sein Boxstil sei leichter zu beschreiben. Das führte zu den bekannten Verkennungen. Die Person Muhammad Ali, den Boxer Muhammad Ali versteht man nur, wenn man die Verbindung von *Dissoziation und Größenwahn*, anders gesagt: *Variabilität und Dominanz* versteht. Und da er ein Boxer ist, hat man ihn aus seinem Boxstil heraus zu verstehen – der Rest ergibt sich von selbst.

Dann wird auch die Faszination deutlich, die das Bild Muhammad Alis auf so viele ausgeübt hat und noch ausübt. Sie ist von der Verfaßtheit dieser vielen nicht zu trennen. Sie sind Übergangstypen, die ihre Zukunft als social fiction in Form eines 15-Runden-Matchs vorgenossen – mehr die Zerstörung des Nicht-mehr-Selbst in Gestalt der Listons, Foremans, Fraziers als den Triumph dessen genießend, was sie noch nicht sind: Proteus als Homo novus und Weltenherrscher.

Anhang

Übersicht über die Kämpfe[81] von Muhammad Ali und einigen[82] seiner Gegner

30. 11. 56	Chicago	Floyd Patterson – Archie Moore	G	5 k. o.
1. 5. 59	Indianapolis	Floyd Patterson – Brian London	G	11 k. o.
26. 6. 59	New York	Floyd Patterson – I. Johansson	V	3 k. o.
20. 6. 60	New York	Floyd Patterson – I. Johansson	G	5 k. o.
29. 10. 60	Louisville	Cassius Clay – Tony Hunsacker	G	6 P
27. 12. 60	Miami Beach	Cassius Clay – Herb Siler	G	4 k. o.
17. 1. 61	Miami Beach	Cassius Clay – Tony Esperti	G	3 k. o.
7. 2. 61	Miami Beach	Cassius Clay – Jim Robinson	G	1 k. o.
21. 2. 61	Miami Beach	Cassius Clay – Donnie Fleeman	G	7 k. o.
13. 3. 61	Miami Beach	Floyd Patterson – I. Johansson	G	6 k. o.
19. 4. 61	Louisville	Cassius Clay – Lamar Clark	G	2 k. o.
26. 6. 61	Las Vegas	Cassius Clay – Duke Sabedong	G	10 P
22. 7. 61	Louisville	Cassius Clay – Alonzo Johnson	G	10 P
7. 10. 61	Louisville	Cassius Clay – Alex Miteff	G	6 k. o.
29. 11. 61	Louisville	Cassius Clay – Willie Besmanoff	G	7 k. o.
11. 2. 62	New York	Cassius Clay – Sonny Banks	G	4 k. o.
28. 2. 62	Miami Beach	Cassius Clay – Don Warner	G	4 k. o.
23. 4. 62	Los Angeles	Cassius Clay – George Logan	G	4 k. o.
19. 5. 62	New York	Cassius Clay – Billy Daniels	G	7 k. o.
20. 7. 62	Los Angeles	Cassius Clay – Alejandro Lavorante	G	5 k. o.
25. 9. 62	Chicago	Floyd Patterson – Sonny Liston	V	1 k. o.
15. 11. 62	Los Angeles	Cassius Clay – Archie Moore	G	4 k. o.
24. 1. 63	Pittsburgh	Cassius Clay – Charlie Powell	G	3 k. o.
13. 3. 63	New York	Cassius Clay – Doug Jones	G	10 P
18. 6. 63	London	Cassius Clay – Henry Cooper	G	5 k. o.
25. 2. 64	Miami Beach	Cassius Clay – Sonny Liston	G	7 k. o.
5. 3. 65	Chicago	Ernie Terrell – Eddie Machen	G	15 P
25. 5. 65	Lewiston/M.	Muhammad Ali – Sonny Liston	G	1 k. o.

1. 11. 65	Toronto	Ernie Terrell – George Chuvalo	G 15 P
22. 11. 65	Las Vegas	Muhammad Ali – Floyd Patterson	G 12 k. o.
29. 3. 66	Toronto	Muhammad Ali – George Chuvalo	G 15 P
21. 5. 66	London	Muhammad Ali – Henry Cooper	G 6 k. o.
28. 6. 66	Houston	Ernie Terrell – Doug Jones	G 15 P
6. 8. 66	London	Muhammad Ali – Brian London	G 3 k. o.
10. 9. 66	Frankfurt	Muhammad Ali – Karl Mildenberger	G 12 k. o.
14. 11. 66	Houston	Muhammad Ali –Cleveland Williams	G 3 k. o.
6. 2. 67	Houston	Muhammad Ali – Ernie Terrell	G 15 P
22. 3. 67	New York	Muhammad Ali – Zora Folley	G 7 k. o.
27. 4. 68	Oakland/C.	Jimmy Ellis – Jerry Quarry	G 15 P
24. 9. 68	Stockholm	Jimmy Ellis – Floyd Patterson	G 15 P
10. 12. 68	Philadelphia	Joe Frazier – Oscar Bonavena	G 15 P
23. 6. 69	New York	Joe Frazier – Jerry Quarry	G 7 k. o.
16. 2. 70	New York	Joe Frazier – Jimmy Ellis	G 5 k. o.
26. 10. 70	Atlanta	Muhammad Ali – Jerry Quarry	G 3 k. o.
18. 11. 70	Detroit	Joe Frazier – Bob Foster	G 2 k. o.
7. 12. 70	New York	Muhammad Ali – Oscar Bonavena	G 15 k. o.
8. 3. 71	New York	Muhammad Ali –Joe Frazier	V 15 P
26. 7. 71	Houston	Muhammad Ali – Jimmy Ellis	G 12 k. o.
17. 11. 71	Houston	Muhammad Ali – Buster Mathis	G 12 P
26. 12. 71	Zürich	Muhammad Ali – Jürgen Blin	G 7 k. o.
1. 4. 72	Tokio	Muhammad Ali – Mac Foster	G 15 P
1. 5. 72	Vancouver	Muhammad Ali – George Chuvalo	G 12 P
27. 6. 72	Las Vegas	Muhammad Ali – Jerry Quarry	G 7 k. o.
19. 7. 72	Dublin	Muhammad Ali – Al Lewis	G 11 k. o.
20. 9. 72	New York	Muhammad Ali – Floyd Patterson	G 7 k. o.
21. 11. 72	Stateline	Muhammad Ali – Bob Foster	G 8 k. o.
22. 1. 73	Kingston/J.	Joe Frazier – George Foreman	V 2 k. o.
14. 2. 73	Las Vegas	Muhammad Ali – Joe Bugner	G 12 P
31. 3. 73	San Diego	Muhammad Ali – Ken Norton	V 12 P
10. 9. 73	Los Angeles	Muhammad Ali – Ken Norton	G 12 P
21. 10. 73	Jakarta	Muhammad Ali – Rudi Lubbers	G 12 P
26. 3. 74	Caracas	George Foreman – Ken Norton	G 2 k. o.
28. 1. 74	New York	Muhammad Ali – Joe Frazier	G 12 P
30. 10. 74	Kinshasa	Muhammad Ali – George Foreman	G 8 k. o.
24. 3. 75	Cleveland	Muhammad Ali – Chuck Wepner	G 15 k. o.
16. 5. 75	Las Vegas	Muhammad Ali – Ron Lyle	G 11 k. o.
30. 6. 75	Malaysia	Muhammad Ali – Joe Bugner	G 15 P
1. 10. 75	Manila	Muhammad Ali – Joe Frazier	G 14 k. o.
20. 2. 76	San Juan	Muhammad Ali – J. P. Coopman	G 5 k. o.

30.	4.	76	Landover	Muhammad Ali – Jimmy Young	G 15 P
24.	5.	76	München	Muhammad Ali – Richard Dunn	G 5 k. o.
28.	9.	76	New York	Muhammad Ali – Ken Norton	G 15 k. o.
16.	5.	77	Landover	Muhammad Ali – Alfr. Evangelista	G 15 P
29.	9.	77	New York	Muhammad Ali – Earnie Shavers	G 15 P
15.	2.	78	Las Vegas	Muhammad Ali – Leon Spinks	V 15 P
10.	6.	78	Las Vegas	Ken Norton – Larry Holmes	V 15 P
15.	9.	78	New Orleans	Muhammad Ali – Leon Spinks	G 15 P
10.	11.	78	Las Vegas	Larry Holmes – Alfredo Evangelista	G 7 k. o.
28.	9.	79	Las Vegas	Larry Holmes – Earnie Shavers	G 11 k. o.
2.	10.	80	Las Vegas	Muhammad Ali – Larry Holmes	V 10 k. o.
11.	4.	81	Las Vegas	Larry Holmes – Trevor Berbick	G 15 P
12.	6.	81	Detroit	Larry Holmes – Leon Spinks	G 3 k. o.
11.	12.	81	Nassau	Muhammad Ali – Trevor Berbick	V 10 P

Literatur

Theodor W. Adorno, Gesammelte Schriften, herausgegeben von Rolf Tiedemann, Frankfurt/M. 1972 ff.

Muhammad Ali / Richard Durham, Der Größte. Meine Geschichte. München/Zürich 1976

Sam Andre / Nat Fleischer, A Pictorial History of Boxing, London 1988

Phil Berger, Blood Season, London 1989

Ernst Bloch, Gesammelte Werke, Frankfurt/M. 1969 ff.

Peter Fuller, Psychoanalyse des Spitzensportlers, Frankfurt/M. 1976

Sigmund Freud, Gesammelte Werke, London 1952

Jack Hails, Classic Moments of Boxing, Ashbourne 1989

James Haskins, Sugar Ray Leonard, London 1989

Thomas Hauser, Muhammad Ali. His Life and Times. London 1991

Bill Hughes / Patrick King (Hrsg.), Come out Writing. A Boxing Anthology, London 1991

Ken Jones / Chris Smith, Boxing. The Champions, Swindon 1990

Graeme Kent, Boxing's Strangest Fights, London 1991

Neil Leifer / Thomas Hauser, Muhammad Ali Memories, New York 1992

Dirk Manthey / Jörg Altendorf (Hrsg.), Sylvester Stallone, Hamburg 1990

Norman Mailer, The Fight, London 1991

Ian Morrison, Boxing. The Records, Enfield 1988

Ian Morrison, Boxing's Who's Who, Enfield 1992

Joyce Carol Oates, On Boxing, London 1987

Arno Schmidt, Werke, Bargfelder Ausgabe, Bargfeld 1987 ff.

Wilfrid Sheed, Muhammad Ali. Ein Porträt in Wort und Bild, Flensburg 1976

Randolph Sugar, The Great Fights. A Pictorial History of Boxing's Greatest Bouts, New York o. D.

José Torres, Fire and Fear. The Inside Story of Mike Tyson, London 1989

José Torres, Muhammad Ali, München 1976

Stanley Weston, Heavyweight Champions from Sullivan to Ali, New York 1976

Ralph Wiley, Srenity. A Boxing Quest from Sugar Ray Robinson to Mike Tyson, Edinburgh 1989

Anmerkungen

1 Arno Schmidt, Schwarze Spiegel, in: Ders., Werke (Bargfelder Ausgabe), Bd. I, 1, S. 224

2 Muhammad Ali/Richard Durham, Der Größte. Meine Geschichte, München/Zürich 1976, S. 127

3 Ebd. S. 128

4 Die Schilderung der «New York Times» vom 19. 6. 1963 lautet so: «Clay, sechzig Sekunden vorher noch im Traumland, sprang in die Ringmitte und fiel über Cooper her. Die erste linke Gerade knallte Cooper den Kopf in den Nacken und macht die Augenbraue auf wie mit dem Hackmesser. Es kamen so viele Schläge, daß Cooper gar nicht mehr gewußt haben kann, wo sie herkamen. Cassius war böse, erbarmungslos, vollkommen konzentriert. In 2 Minuten 15 Sekunden riß er Cooper beinah den Kopf ab. Nicht viele Boxer haben je in so kurzer Zeit so viel einstecken müssen. Überall war Blut. Es strömte jetzt nur so aus Coopers Wunden. Cooper deckte, so gut er konnte. Leute brüllten: ‹Abbrechen!› Endlich machte der Ringrichter Tommy Little dem Kampf ein Ende.» (Thomas Hauser, Muhammad Ali. His Life and Times, London 1991, S. 54)

5 Wilfrid Sheed, Muhammad Ali, Flensburg 1976, S. 167

6 Theodor W. Adorno, Gesammelte Schriften, Bd. 12, Frankfurt/M. 1975, S. 137

7 Thomas Mann, Bekenntnisse des Hochstaplers Felix Krull, Frankfurt/M. 1985, S. 298

8 Muhammad Ali/Richard Durham, a. a. O., S. 125

9 Stanley Weston, Heavyweight Champions from Sullivan to Ali, New York 1976, S. 76 f.

10 a. a. O., S. 139 f.

11 Christoph Martin Wieland, Sämtliche Werke, Bd. 33, Leipzig 1801, S. 20

12 Hauser, a. a. O., S. 305

13 Stanley Weston, Heavyweight Champions from Sullivan to Ali, New York 1976, S. 283

14 Ebd. S. 69

15 José Torres, Muhammad Ali, München 1976, S. 131

16 Ali/Durham, a. a. O., S. 169
17 Torres, a. a. O., S. 148
18 Ebd. S. 150
19 Ebd. S. 152
20 Ali/Durham, a. a. O., S. 121 f.
21 Vgl. Torres, a. a. O., S. 166
22 Torres, a. a. O., S. 167
23 Torres, a. a. O., S. 170
24 Die Nation of Islam hat sich, wenn ich richtig unterrichtet bin, inzwischen zu einem Protagonisten des «schwarzen Antisemitismus» entwickelt und damit die mörderische Obsession ihres christlichen Gegners übernommen.
25 Torres, a. a. O., S. 168
26 Ebd. S. 172
27 Hier muß ein langweiliges Detail eingeschaltet werden. Der internationale Boxsport wird von zwei Organisationen, dem WBC (World Boxing Council) und der WBA (World Boxing Association), dominiert. Der WBC ist dabei die tonangebende Vereinigung. Nach den Regeln der WBA sind «Rückkampfvereinbarungen» (= Abmachungen darüber, daß auf jeden Fall ein zweiter Kampf stattfinden wird, wenn der Titelhalter verliert) regelwidrig. Eine solche Vereinbarung gab es auch zwischen Patterson und Liston, aber die WBA hatte nicht aufgepaßt. Eine solche Vereinbarung gab es auch zwischen Liston und Clay. Clay hatte sich unbeliebt gemacht, zudem den Vertrag mit seinen (weißen) Louisville-Sponsoren gekündigt und hatte, neben der religiösen Konversion, auch noch einen geschäftlichen Vertrag mit den Black Muslims abgeschlossen. Die WBA erkannte Ali den Titel ab. Ernie Terrell konnte um den vakanten WBA-Titel kämpfen und gewann gegen Eddie Machen.
28 Und außerdem gehörte Chuvalo der WBA an, die Ali nicht anerkannte, weshalb Chuvalo nicht um die Weltmeisterschaft kämpfen konnte und der Kampf überhaupt nur möglich wurde, weil Ali darauf verzichtete, als Weltmeister anzutreten. Er nannte sich auf den Ankündigungen «The People's Champion».
29 Die WBA war nach dem Sieg gegen Terrell überzeugt.
30 Ali/Durham, a. a. O., S. 15
31 Hughes/King, a. a. O., S. 54
32 Ebd. S. 54
33 Hauser, a. a. O., S. 397
34 Ebd. S. 405
35 Ebd. S. 395 ff.

36 Ebd. S. 412f.

37 Ebd. S. 350

38 Ebd. S. 353

39 Diesmal (vgl. Anm. 30) war es die WBC, die wegen des Rückkampfes Spinks den Titel aberkannte und somit Alis Wiedergewinnen des Titels nicht anerkennen konnte. Aber ähnlich wie beim nun mehr als ein Jahrzehnt zurückliegenden Fall der WBA kümmerte sich die Öffentlichkeit nicht darum, und die Handbücher verzeichnen Spinks weiter als Weltmeister. Es ist ganz ähnlich wie mit den Gegenkaisern und -päpsten. Welche Organisation den richtigen proklamiert, wird schnell klar.

40 Hauser, a. a. O., S. 356

41 Ebd.

42 Ebd. S. 359

43 Ebd. S. 360

44 Vgl. Jan Philipp Reemtsma, Clio, oder Der Weltproceß (Ms.)

45 Hauser, a. a. O., S. 252

46 Vgl. Jan Philipp Reemtsma, Generation ohne Abschied, in: Mittelweg 36, 5/92

47 Hauser, a. a. O., S. 298

48 Ebda.

49 Ebd. S. 301

50 Hier haben wir eine weitere Anspielung auf Muhammad Ali, der nicht lange nach dem Kampf in Manila gegen einen japanischen Ringer antrat, eine unglaublich peinliche Veranstaltung

51 Ich muß mich spätestens an dieser Stelle entschuldigen, daß ich die Rocky-Filme schildere, ohne auf die Nebenfigur des «Paulie», Rockys Schwager, einzugehen, der seit dem ersten Film durch die ganze Story geistert. Er sorgt dafür, daß die Filme nicht ganz in Pathos und Heldentum ersticken. Paulie ist unzuverlässig, rauzig, manchmal gemein, stets unzufrieden, ist der einzige, der Rocky nicht verehrt, wird als Familienanhängsel mitgeschleppt, so auch nach Rußland. Rocky ist ganz toll, und Adrian ist hübsch, aber Paulie ist der einzige Mensch in dem ganzen Zirkus, der einzig wirklich Liebenswerte. Und im Gegensatz zu Sylvester Stallone, der nur in «Rocky I» ein wirklich guter Schauspieler ist, bleibt der Darsteller des Paulie, Burt Young, stets einer. Also, nichts für ungut, Paulie!

52 Arno Schmidt, Kaff, auch Mare Crisium, Werke I, 3, S. 86

53 Ebd.

54 Sigmund Freud, Der Mann Moses und die monotheistische Religion, in: Ders., Gesammelte Werke, London 1952, Bd. 16. S. 233

55 Sigmund Freud, a. a. O., S. 214
56 Hauser, a. a. O., S. 420 f.
57 José Torres, a. a. O., S. 153
58 Ebd. S. 154
59 Hauser, a. a. O., S. 75 f.
60 Peter Fuller, Psychoanalyse des Spitzensports, Frankfurt/M. 1976, S. 174
61 Hauser, a. a. O., S. 76
62 Ebd. S. 76 f.
63 Was für wie gegen die Theorien einer absichtlichen Blendung spricht. Man kann sagen: *Hätte* Listons Ecke Ali blenden wollen, dann hätte Liston doch aufs Ganze gehen müssen, oder: daß Clay trotz der Blendung gegen Liston antrat, ließ diesen unsicher, ob der Anschlag wie vorgesehen geklappt hatte.
64 Hauser, a. a. O., S. 79
65 Ebd. S. 182
66 Norman Mailer, Der Kampf, München/Zürich 1976, S. 181
67 Ebd. S. 182 f.
68 Ebd. S. 183 f.
69 Hauser, a. a. O., S. 273
70 Ebd. S. 275 f.
71 Ebd. S. 276 f.
72 Ebd. S. 277
73 Mailer, a. a. O., S. 199
74 Ebd. S. 202
75 Ebd. S. 203
76 Hauser, a. a. O., S. 278
77 Theodor W. Adorno, Individuum und Organisation, in: Ders., Gesammelte Schriften, Bd. 8, Frankfurt/M. 1972, S. 451
78 Ausführlich hierzu: Jan Philipp Reemtsma, – und ein Jahrhundert, in: Hamburger Institut für Sozialforschung (Hrsg.), 200 Tage und 1 Jahrhundert. Gewalt und Destruktivität im Spiegel des Jahres 1945, Hamburg 1995
79 Leo Löwenthal, Individuum und Terror, in: Ders., Gesammelte Schriften, Frankfurt/M. 1982, Band 3, S. 161
80 Vgl. etwa Wilfrid Sheed, Muhammad Ali. Ein Porträt in Wort und Bild, Flensburg 1976
81 Als Profiboxer
82 Alle Kämpfe Muhammad Alis sind verzeichnet, von seinen Gegnern sind nur die interessantesten aufgeführt und von denen nur die für den Status als Alis Gegner bedeutsamen.

* Die Zitate aus: Muhammad Ali/Richard Durham, Der Größte. Meine Geschichte, und Norman Mailer, Der Kampf, erfolgen mit freundlicher Genehmigung der Droemerschen Verlagsanstalt Th. Knaur Nachf. München/Zürich.

Inhalt

«Lolita ist berühmt, nicht ich», sagte **Vladimir Nabokov** in einem Interview. Geboren wurde er als Sohn begüterter Eltern 1899 in St. Petersburg. Vor der Revolution flüchtete die Familie nach England, Vladimir folgte seinem Vater nach Berlin, wo er vierzehn Jahre lang, von 1923 bis 1937, lebte, ohne sich je mit Deutschland anfreunden zu können. Er verdiente Geld als Englisch- und Tennislehrer oder mit Übersetzungen – und schrieb, auf russisch, Erzählungen, Romane, Gedichte. Vor dem Nationalsozialismus floh Nabokov mit seiner jüdischen Frau 1937 erst nach Frankreich, dann in die USA. Von nun an schrieb er in Englisch. Sein Roman *Lolita* löste 1958 bei Erscheinen in den USA einen Skandal aus und machte Nabokov weltberühmt. Er starb 1977 in Montreux.

Eine Auswahl der lieferbaren Titel im Rowohlt Taschenbuch Verlag:

Ada oder Das Verlangen *Aus den Annalen einer Familie* (rororo 4032)

Durchsichtige Dinge *Roman* (rororo 5756)

Maschenka *Roman* (rororo 13309 / und als Großdruck 33130)

Lolita *Roman* (rororo 635)

König Dame Bube *Roman* (rororo 13409)

Der Zauberer *Erzählung* (rororo 12696)

Die Gabe *Roman* (rororo 13902)

Erinnerung, sprich *Wiedersehen mit einer Autobiographie* (rororo 13639)

Seit 1989 hat der Rowohlt Verlag mit einer umfassenden **Neu-Edition der «Gesammelten Werke»** Vladimir Nabokovs begonnen, herausgegeben von Dieter E. Zimmer. Alle bisherigen Übersetzungen sind überarbeitet, die Werke mit einem ausführlichen Anmerkungsteil kommentiert. Sämtliche Bände erscheinen in einer neuen, schönen Ausstattung: in Leinen gebunden, Fadenheftung, Büttenumschlag mit Silberprägung, Büttenvorsatz und Lesebändchen.
Alle bisher erschienenen Bände finden Sie in der *Rowohlt Revue*. Vierteljährlich neu. Kostenlos in Ihrer Buchhandlung.

rororo Literatur

«Ach, Rühmi, es lebe der Übermut, wenn er mit dem Mut zum Bekenntnis zusammengeht, wie so oft in Deinen Gedichten! Es lebe die Liebe, der Du bei uns mit Deinem rororo-Band *Außer der Liebe nichts* ein so schönes Denkmal errichtet hast. Leer waren *Die Jahre die Ihr kennt*, die wir hinter uns gelassen haben, weiß Gott nicht, und wir jedenfalls haben sie trotz aller politischen Miseren zwar auch erlitten, aber doch zugleich genossen. *agar agar – zaurzaurim*! Hoch Bellmann und Brockes! Hoch Benn und Brecht! Hoch, lieber Dichter, auch Du!»
Heinrich Maria Ledig-Rowohlt an **Peter Rühmkorf** zu dessen 60. Geburtstag am 25. Oktober 1989.

Außer der Liebe nichts
Liebesgedichte
(rororo 5680)

Haltbar bis Ende 1999
Gedichte
(rororo 12115)

Der Hüter des Misthaufens
Aufgeklärte Märchen
(rororo 5841)

Die Jahre die Ihr kennt *Anfälle und Erinnerungen*
(rororo 5804)

Über das Volksvermögen
Exkurse in den literarischen Untergrund
(rororo 1180)

Laß leuchten!
(rororo 13440)

Peter Rühmkorf
Laß leuchten!
Memos
Märchen
TaBu
Gedichte
Selbstporträt
mit und ohne Hut

rororo
Bücher-Preis 1993

TABU I *Tagebücher 1989–1991*
624 Seiten. Gebunden

agar agar – zaurzaurim *Zur Naturgeschichte des Reims und der menschlichen Anklangsnerven. Mit Illustrationen von Peter Rühmkorf*
160 Seiten. Broschiert

Bleib erschütterbar – und widersteh *Aufsätze – Reden – Selbstgespräche*
260 Seiten. Kartoniert

Dreizehn deutsche Dichter
208 Seiten. Broschiert

Einmalig wie wir alle *Gedichte*
168 Seiten. Broschiert

Wer Lyrik schreibt, ist verrückt!
Gesammelte Gedichte
140 Seiten. Kartoniert

Peter Rühmkorf / Michael Naura / Wolfgang Schlüter
Phönix voran! Mit Ton-Cassette
128 Seiten. Kartoniert